स्मृतियों के चिन्ह

कविता, नज़्म, ग़ज़ल संग्रह

अमित राधा कृष्ण निगम

RIGI PUBLICATION

All rights reserved
No part of this book may be reproduced in any form, by Photostat, Microfilm, xerography, or any other means or incorporated into any information retrieval system, electronic or mechanical, without the written permission of the copyright owner.

Originally published in India

स्मृतियों के चिन्ह

कविता, नज़्म, ग़ज़ल संग्रह

अमित राधा कृष्ण निगम

ISBN	:	978-93-95773-84-3
©	:	अमित राधा कृष्ण निगम
प्रथम संस्करण	:	2023
प्रकाशक	:	रिगी पब्लिकेशन 777, स्ट्रीटनंबर - 9, कृष्णानगर, खन्ना - 141401 पंजाब, इंडिया
कवर डिजाइन	:	रिगी पब्लिकेशन, खन्ना

Other books by Amit Radha Krishn Nigam

कागज़ के आईने (2022)
Sixty Years from Now (2020)
The Shape of Faith (2020)
Musings of Desire (2015)
Pilgrims (2014)
Awake Wonder and Lost (2008)

माँ को समर्पित

माँ,
तू मेरे पैरों के नीचे,
दुआओं की सीढ़ियां लगाती गयी
मैं बस उनपर चढ़ता गया

एक संक्षिप्त परिचय

"ॐ असतो मा सद्गमय ।,
तमसो मा ज्योतिर्गमय ।,
मृत्योर्मा अमृतं गमय ।,"

- *बृहदारण्यक उपनिषद् (१.३.२८)*

हम जानते हैं कि मानव इतिहास के सबसे प्राचीनतम साहित्य वेद हैं जो अपौरुषेय भी है और जिनकी अधिकांश रचना पद्य और छंद के रूप में हुई है ।
वहीँ दूसरी ओर भारतीय और विश्व में मानव निर्मित साहित्य की शुरुआत संस्कृत काव्यशास्त्र से हुई है । उस समय में गद्य और पद्य दोनों प्रकार के साहित्य काव्यशास्त्र में निहित थे पर बाद में काव्यशास्त्र का विभाजन हुआ जिसमें काव्य को केवल पद्यकाव्य या छंद ही माना जाने लगा । इसलिए वेद हों या मानव निर्मित, साहित्य की सबसे विशिष्ट पहचान ये है कि इसका आरम्भ काव्य की गर्भ से हुआ है ।
मेरा यह भी मानना है की आदि कवि श्री वाल्मीकि जी की तरह ही एक कवि अपने काव्य को नहीं बल्कि एक महान काव्य अपने कवि को चुनता है ।

श्री भरत मुनि रचित नाट्यशास्त्र, जो मानव इतिहास में काव्य को औपचारिक करने वाला मूलभूत और प्रेरणादायक स्रोत है, के अनुसार एक कविता भले कि ज्ञान में सम्पन्न कम हो लेकिन सोच और भाव में बहुमूल्य होनी चाहिये, क्योकिं 'रस' उसी से पैदा होता है और कविता की महानता के लिए रस की उत्पत्ति होना अनिवार्य है।

रस या बे-रस, अब सवाल आता है कि कविता लिखने का शौक मुझे कहाँ से मिला क्योंकि कविता पढ़ना या लिखना न तो मुझे दादाजी कि घुट्टी में मिला, न विरासत में। किताबों के नाम पर मेरे घर में बाबा के ज़माने से रखी हुई रामायण, महाभारत, भगवद पुराण, कुछ अन्य आरतियों कि पोथी ओर कुछ पापा कि क्लिनिक में रखी मेडिकल की किताबें हैं। ओर इन सब के अलावा हमारी स्कूल कि किताबें जिनसे आप शायद ही कभी कविता लिखने के लिए प्रेरित होते हैं।

अकसर एक भावी कवि छोटी उम्र से ही कविता पढ़ना ओर लिखना शुरू कर देता है, उसका कुछ विशेष कविताओं के प्रति रुझान भी बनने लगता है। जैसे अटल बिहारी जी को वीर रस ओर देश भक्ति कि कविताओं का रुझान बचपन से ही था। कुछ रविंद्र नाथ ठाकुर कि तरह

विरासत में भी कविता पाते हैं। कुछ कवि अपनी मेहनत ओर लगन से, उच्च पढ़ाई से, और अपने जैसे लोगों कि संगति में रहने से भी बनते हैं जैसे की अधिकतर समकालीन कवि। कुछ कमला दास कि तरह परिस्थितियों से, कुछ दिनकर जी की तरह अपने आस पास के सामाजिक बदलाव और उथल-पुथल के कारण, कुछ मीरा, नामदेव, नरसी मेहता और सूरदास जी की तरह भक्ति और दिव्य हस्तक्षेप के कारण से भी बनते है। पर ज़िन्दगी में जिसका जो भी रंगमंच होता है, अगर जल्दी ही उसकी पहचान हो जाए तो आगे बढना आसन होता है।
मेरे साथ ऐसा भी कुछ नहीं हुआ।
जयशंकर प्रसाद कि भांति मेरा भी अपने समय के किसी भी चर्चित कवि के साथ कोई उठाना बैठना कभी नहीं रहा। जिसे आजकल 'सोशल-नेटवर्किंग' कहते हैं, मैं उसमे भी बहुत कमज़ोर रहा हूँ।

मेरी परिस्थितियाँ भी मामूली थी, तो मुझे अधिक प्रयत्न करना था। मैं जहाँ भी रहा (मेरठ, मेलबोर्न, सिडनी, मैसूरू, हैदराबाद, बेंगलुरु और अब कनाडा), आँखें ओर कान कविता लिखने कि प्रेरणा के लिए हमेशा खुले रखे। कभी किसी विवाद कि ख़बर सुनकर, कभी बचपन के मित्रों को याद करके, तो कभी कुछ अध्ययन कर अकारण ही किसी ख्याल की बाल की खाल को खींचा। बुढ़ापा, बीमारी, ज़िन्दगी, प्रेम, विषाद, परिवार, पर्यावरण, देश सबको अपने छोटे, नौसिखुआ दिमाग में जगह दी। रात-रात भर सोच में डूबा ओर जगा भी, ओर जब जिस समय किसी सोच (या कविता के शीर्षक) ने दस्तक दी, चाहे सुबह के ४ बजे हों, चाहे मेट्रो का सफ़र हो, चाहे बस या ऑफिस, उस ख्याल का पूरा अभिवादन कर उसे पन्ने पर उतार दिया।

कभी कोई बात, या कोई दर्द इतना बढ़ गया कि गूंगे पन्नो से बात करनी चाहि, कुछ सुनाना चाहा, तो कभी किसी पूरानी बात को दिल ने यूहीं अविवेकी में तंज़ करने के लिए उलझा दिया, तो उसको सुलझाने के लिए, पर जो भी आत्मभाषण हुआ, सब कविता या नज़्म के खाँचे में उड़ेल दिया। विदेश में तीन साल अकेला रहकर बहुत कुछ सीखा ओर महसूस किया। इंग्लिश कि मेरी दूसरी किताब 'Pilgrims' कि सारी कवितायें मैंने वहीँ लिखी। 'Musings of Desire' कि शुरुवात भी वहीँ हुई।

वास्तव में कवि जिस दौर का होता है, वो दौर, वो कल्प भी उसकी कविताओं को ढालने का एक सांचा होता है। आज़ादी के दौर में राष्ट्रकवि श्री रामधारी दिनकर जी कि 'सिंहासन खाली करो कि जनता आती है' को जब जय प्रकाश नारायण ने लाखों लोगों के सामने गाया तो लोगों के उत्साह का ठिकाना न था। जवाहर जी कि 'ट्रिस्ट विथ डेस्टिनी' से ज्यादा अच्छी मुझे शकील कि 'इन्साफ कि डगर पे' लगती है जो आज तक मुझे प्रेरणा देती है। हज़ार साल पहले शुरू हुए भक्ति दौर में हमने सूरदास, तुकाराम, कबीर, तुलसीदास ओर मीरा के अद्भुत भजनों को सुना

और सम्मोहित हुए।

कहने का अर्थ ये कि कवि अपनी कविताओं में अपने अनुभव, चाहे वो अनुभव दिव्य हो या नश्वर, के अलावा अपने जीवन काल के समय को भी बाँधने कि कोशिश करता है ओर फिर आगे या पीछे के दौर को कपडे पहनाता है। इसलिए एक अच्छी कविता को संजो कर रखना कवि के समय के हीरे को संजोने जैसा है क्योंकि इससे गुज़रे वक़्त कि एक पारदर्शी तस्वीर देखने को मिलती है। जिस तरह वेदों के मंडलों के रचयिता कोई एक नहीं बल्कि ध्यान समाधी में लीन अनेकों ऋषि रहें हैं, उसी तरह भारतीय हिंदी-काव्य परिदृश्य अनेकों हिंदी कवियों, कवयित्रीयों की मेहनत का असर है।

***

मूल बात यह है कि कविता लिखने का शौक कब से आया, किसने दिया ठीक से कुछ याद नहीं। १९९८ में कुछ लिखा था पहली बार, तब में १३ साल का था स्कूल में। ये शौक कॉलेज में थोडा बड़ा, एक किताब लिखी जो चली नहीं। ओर तब से बस कुछ न कुछ लिख ही रहा हूँ। कॉलेज में एक बार, कॉलेज के बाहर कि सड़क पर से एक कम्पटीशन का परचा मिला। मैंने उसे उठाया, साफ़ किया ओर उस प्रतियोगिता में भाग लिया ओर एक लम्बा निबंध लिखा, मुझे दस हज़ार का इनाम मिला ओर वाह-वाही अलग। मेरे होंसलों का ठिकाना न था। ऐसे ही कुछ छोटे-छोटे उपाख्यानों से, ओर माँ बाप के आशीर्वाद से, कविता लिखना जारी रहा।

पर मैं अभी कवि बनने की कगार पर हूँ, बना नहीं क्योकि माँ शारदे की कृपा से अभी भी वंचित हूँ और बिना उनसे अनुग्रहित हुए पूरे विश्व में कोई भी, कहीं भी, एक सच्चा कलाकार नहीं बन सकता। शौक अभी शौक ही है, न कोई नाम न शोहरत, पर मुझे इसकी कभी चिंता नहीं हुई। एक समृध कवि कि तरह जाऊं या केवल एक गुमनाम लेखक बनकर मरुँ, ये तो विधान होगा ओर इसे बदलना मेरे बस कि बात नहीं। पिताजी का विधान ओर किस्मत जैसे शब्दों पर भरोसा है तो मुझे भी थोड़ी रूचि (मुझे मेरे भगवान् पर विश्वास भी माँ ओर पिताजी से मिला)। बस यही इच्छा है कि जो भी लिखूं, पढ़ने ओर पढ़ाने लायक हो, ओर मम्मी, पापा उसपर गर्व कर सके। और आगे चलकर लोग कम से कम इतना तो कहें कि अरे ये 'कवि' तो डाक्टर साहब का बेटा है।

अमित राधा कृष्ण निगम
वृन्दावन

धन्यवाद

माँ, पिताजी और माँ शारदे के आशीर्वाद के बिना तो कुछ भी संभव नहीं इसलिए सर्व प्रथम वंदन उन्हीं के चरणों में ।

रिगी पब्लिकेशन के संपादक, मेरा छोटा भाई राहुल जिसको मैंने ये नज्म ओर कविताएं सुनाकर मुफ्त की खूब वाह-वाही लूटी, दीदी, जीजाजी और मेरी धर्म पत्नी लकी, सबका धन्यवाद ।

अनुक्रमणिका

भाग १ (कविता संग्रह)

1.	शिव तत्त्व मिलता है	16
2.	रे मनवा	18
3.	श्री कृष्ण	19
4.	महाकाव्य	20
5.	ब्रजवासी	21
6.	अकर्मण्यता	22
7.	मध्यम वर्ग (मिडिल क्लास)	23
8.	बिन बोले	26
9.	नए मकाँ कि नीव	27
10.	जब मन में हज़ार बातें हो	28
11.	यमुना के वो मीठे घाट	29
12.	इंटों के जंगल	31
13.	पथहीन जगत	33
14.	पेड़	34
15.	प्रकृति का प्रतिशोध	35
16.	अगहन की बारिश	36
17.	सृजन	37
18.	आस	38
19.	माँ, ले मैं बड़ा हो गया	39
20.	अंकुश होना चाहिए	40
21.	प्रार्थना	41
22.	यह कैसा बेहिस मंदिर है	45
23.	मुझे बताओ	48

24.	अनुच्छेद ३७०	50
25.	स्मृतियाँ	52
26.	जैविक पहचान	53
27.	जवाब दो ये क्या किया	54
28.	आओ मिट्टी डालें	55
29.	कदम मिलाकर चलना होगा	56
30.	प्रमाण दो	57
31.	दरख़्त	58
32.	परब्रह्म	59
33.	जाड़ों में धूप पुराने घर के	61
34.	तो जीवन व्यर्थ है	62
35.	नव-वर्ष-गीत	63
36.	इंक़लाब की ज़िद	65
37.	प्रेम	66
38.	क्यों मन में अनंत गगन का, खालीपन भरता जाता है	67
39.	मैं न हूँ हारा अभी तक	68
40.	उम्र को गुज़रते सालों के तराज़ू में तोलता हूँ	69
41.	समय बहुत तेज़ क़दम यूँ	70
42.	एक बहुत लम्बी उम्र तक	71
43.	चैट	72
44.	कभी मुझसे ये कहो	73
45.	अंतर मन	74
46.	शाम होते ही समेटने लगता हूँ	75
47.	सब कुछ शांत, किसी मरघट की तरह	77
48.	जहाँ प्रेम नहीं प्रतिकार हो	78
49.	शाम को थक के बिस्तर पर	79
50.	बहुत कुछ भूल सा गया हूँ अब	80

51. जी में तो आता है 81

52. ख्याल 82

53. आज नींद नहीं है आँखों में 83

54. मैं और मेरे स्वार्थ ने मिलकर 84

55. एक अरसे से घर नहीं गया हूँ मैं 85

56. दामन बचा के शाम दरवाज़े से यूँ उठी 86

57. कोई चुड़ैल बैठती होगी उस नदी किनारे अब वहां 87

58. ये जो पंछी बीते कई सालों से मेरे सर पे बैठा है 88

59. आज मौसम गुस्से में है 89

60. दीपावली 91

61. कुछ नयन जल बहाके मन बहलाता हूँ 92

62. दोस्त 93

63. मेरा सच 94

64. खुद से बात करता हूँ मैं खुद के बारे में 95

65. तू सहता जा 96

66. व्यर्थ है यादों को संजोना जिनका अंत नहीं 97

67. जीवन के अंत चरण में ही 98

68. निशब्द 99

69. शौर्य से ही सीमा पर 100

70. चलो बढे सात्त्विक जीवन की ओर 101

71. ज़मीं नहीं बची 102

भाग २ (नज़्म संग्रह)

72. चलो आज एक और नज़्म सुनाऊँ 104

73. पहचान 105

74. यहीं से शुरू हुई थी तेरी मेरी कहानी 106

75. मैंने, आज सीने से तोड़ा 107

#		पृष्ठ
76.	टूट के गिरने लगेगा जब एक शाम को सूरज	108
77.	एक पुराना लेख	109
78.	शाम की आँखों में काजल का टीका लग गया	110
79.	अकेला चला था मैं	111
80.	फोन में छुपी एक फोटो	112
81.	ये क्या तुम कागज़ों पे...	113
82.	आज फलक ने फिर फेंका है मुझे	114
83.	तुम्हारे ख्यालों ने	115
84.	हज़ारों बार तेरी तस्वीर देखी	116
85.	तुम्हारे लिए कितनी ही नज़में लिखीं	117
86.	रात भर मेरे कानों में तू	118
87.	क्या अब वो समय है जब हम	119
88.	किसी अपने से लड़ कर वो मेरे पास आई	120
89.	तुम्हारा ख्याल	121
90.	ऑफिस में खाली बैठे बैठे	122
91.	ये जो सर्दियों में गले से लिपट के सोती है	124
92.	आख़िरी ख्याल	125
93.	तुमको पाने की शगुफ़्ता आरज़ुएँ	126
94.	एक बार जब मैं भूरी शर्ट में	127
95.	कई अनजान और तन्हा लोगों ने	128
96.	सिगरेट पीना एक बुरी आदत है	129
97.	आँसूं जमे हुए हैं	130
98.	मेरी कई सुनहरी यादों को समेटे	131
99.	एक पुरानी किताब के बीच	132
100.	एक पुराना रास्ता	133
101.	खिड़कियां खुली रखता हूँ रात में मैं	134
102.	साथ चलो मेरे, आज फिर देर हुई है	135

103. वो फ़साना तुमने आज फिर दोहराया है 136
104. मैंडम 137
105. रहने दो, भीगने दो न 138
106. कमरा 139
107. कागज़ के आईने में लिपटा 140
108. बस कुछ और शब्द ही शेष हैं मेरी कविताओं के 141
109. सालगिरह 142
110. पापा 143
111. दीदी 145
112. दीवार 146
113. कुछ किस्से जुबां पे शहद की तरह होते हैं 147
114. नन्हा 148
115. कमी 149
116. चमकीले कंचे सा एक रिश्ता 150
117. प्रथम संवाद 151

भाग ३ (ग़ज़ल संग्रह)

118. सितारों की हथेली पर आसमान रखा है 154
119. न जी न मर रहा हूँ मैं 155
120. उजालो से अंधेरों कि ओर निकले 156
121. सबने जो बात छुपाई कबसे 157
122. बंद दरवाजे है, तहखाना है 158
123. शनिवार कि शाम को, जब फुर्सत में बैठता हूँ 159
124. आज यहां तो कल वहां देखिए 160
125. हमउम्र की पहचान इतनी आसां नहीं भीड़ में 161
126. गुज़री ख़िज़ाँ का ताव अभी बाक़ी है 162
127. अपनी उम्र को मेरी उम्र में जोड़ देती है 163

128. अमीरों के बीच जां-रुस्वाई हो चुकी काफी	164
129. नींद तो ले लेता हूँ, पर थकान नहीं जाती	165
130. तासीर-ए-गुब्बार दिल से निकल जाए तो अच्छा	166
131. आज बरसों बाद है, कुछ पुरानी याद है	167
132. फिर गिर गया हूँ मैं, फिर मुझको अपना हाथ दे	168
133. कबसे ये आइना मुझको परेशान लगता है	169
134. मिलके भी न मिले जवाब मुझे कई सवालों के	170
135. जानाँ-ए-नशा से दूर हमको निकल जाना चाहिए	171
136. कभी बेवक्त, कभी पाबंद, कभी बार-बार सा है	172
137. उस वक़्त का अब कोई निशाँ नहीं मिलता	173
138. किसी सफर में खोया हुआ सामान जैसे	174
139. नया नया प्यार था, हो भी गया	175
140. बड़ी देर से होंठों पर एक नाम लिए बैठा हूँ	176
141. एक आग में जलता रहा रात भर	177
142. चोट खाए एक ज़माना हो गया	178
143. थक गया हूँ मैं कितना एक ज़माने से	179

भाग १ (कविता संग्रह)

शिव तत्त्व मिलता है

हर युद्ध में हर यज्ञ में , परमात्मा सर्वज्ञ में
कर्म के विधान में , दर्शनों-पुराण में
वेदों के ज्ञान में, तीर्थ शमशान में
सूर्य में चंद्र में , गंगा तरंग में
चित्त में मस्तिष्क में , धरती - अंतरिष्क में
कुम्भ में कमण्डलों में, नक्षत्रो, मंडलों में

शिव तत्त्व मिलता है , देवों में, दानवों में
शिव तत्त्व मिलता है , जानवरों में, मानवों में..

सत्य में झूट में , जर्जर अटूट में
अग्नि में पानी में , हर एक कहानी में
हर लोक हर तल में , भूत, आज और कल में
आकाश में पाताल में , हर युग हर काल में
हिम शिखरों में भट्टी में , हर भू की मिटटी में
व्यापक नभ थल में , रेगिस्तान दल दल में
हर रस हर भाव में , परिपूर्णता आभाव में
हर जन्म हर योनि में , स्वाभाविक अनहोनी में
संपूर्ण में अंश में , रचना विध्वंस में
सृजन में प्रलय में , प्रेम में कलय में
काव्य में रुदन में , विरक्ति में वंदन में
शून्य में सृष्टि में , अंधता में दृष्टि में
मंदिरों की नीव पर, रखे मज़ारों में
यहाँ वहां इधर उधर, एक में हजारों में
शिव तत्त्व मिलता है, ईमानदार बेईमान में
शिव तत्त्व मिलता है , काबा कुरआन में

शिव तत्त्व मिलता है , चारों पुरुषार्थ में
शिव तत्त्व मिलता है , स्वप्न में यथार्थ में ..

(ज्ञानवापी मंदिर में शिवलिंग मिलने पर लिखी)

रे मनवा

रे मनवा
रहियो मन के अहम् से दूर - १
छोड़ प्रपंच, स्वार्थ सब झूठे
प्रभु देंगे वरदान अनूठे
और वैभव भरपूर
रे मनवा..

कहत संत, मुनि सब ज्ञानी
'करहु प्रणाम जोरी जुग पानी'
भक्ति बिना जगत में वास
है दुखों का पूर
रे मनवा..

'मैं' की छोड़ गठरी भारी
हरी शरण आवें हरी दुलारी
स्मरण कर रतन पद पंकज
मन खींचे जो शरण से दूर
रे मनवा..

श्री कृष्ण

वैकुंठ में, शेषनाग पर, लेटे श्री मिले
काशी केदार में बाबा भोले को पाइए
चारों युग में प्रतापी बजरंग हनुमान
जी को भी सहज राम भक्ति से रिझाइये।

पर कहाँ कहाँ ढूंढा नहीं, श्याम का ठिकाना कहीं
मिल कर भी मिलता नहीं तो कहाँ जाइए
तप-बल-ज्ञान-ध्यान में भी जो ना आए कभी
अनंत वर्षों तक चाहे खुद आजमाइए।

उस मनमोहन आदि, अनादि भगवान स्वयं
को ना जाने फिर किस जतन से पाइए
तो थक जाओ सारी सृष्टियों में जब घूम घूम
कर तब प्यारे ब्रज वृंदावन आइए
और जो परब्रह्म-सच्चिदानंद-बालक कहीं नहीं
खेलता हुआ वह कुंजो मैं यहां पाइए।

रसिखों के प्राण, संतों की खान, वृंदावन
को जान लिया फिर जानने को कुछ रहता नहीं
तीनों लोक तीनों देव भी जिसे ना पा सके उस
अविनाशी को यहाँ अपने हृदय में समाइये।

महाकाव्य

कितनी हारें रोज़ हारता हूँ, बिना किसी से लड़े
शब्दों के बने इस कुरुक्षेत्र में, अपने विषाद के आगे अक्षम

दसों दिशाएँ सारी आपस में, मिलती ज़रूर होंगी कहीं
रुके रहना अधिक बुरा है इसलिए, उलटी दिशा में भागने से भी

कुछ काल-जई लिखने का मेरा मन, पर मन पर भारी खोकला कर्म
असंभव जैसे शिव-धनुष के आगे, किसी मनुष्य सामान्य का दम

काव्य की लम्बी माला में, एक छंद पिरोना भी दुष्कर
अनसुलझे भावों की गांठे, सूखा विचारों का सागर

बिना हलचल की गहरी सतह, भाषा का विशाल वृक्ष प्राकाव्य
बिना पाए शारदे का दुलार, भरेगा कैसे ये ख़ाली गागर
बिना किसी दैवीय हस्तक्षेप के कैसे, पूरा होगा ये महाकाव्य

ब्रजवासी

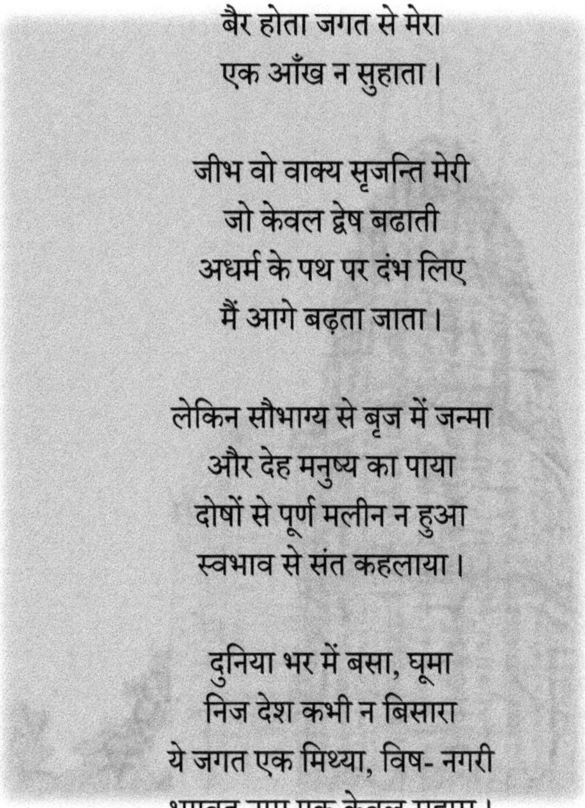

ये भी तो हो सकता था
की मैं किसी का प्रिय न होता
बैर होता जगत से मेरा
एक आँख न सुहाता।

जीभ वो वाक्य सृजन्ति मेरी
जो केवल द्वेष बढाती
अधर्म के पथ पर दंभ लिए
मैं आगे बढ़ता जाता।

लेकिन सौभाग्य से बृज में जन्मा
और देह मनुष्य का पाया
दोषों से पूर्ण मलीन न हुआ
स्वभाव से संत कहलाया।

दुनिया भर में बसा, घूमा
निज देश कभी न बिसारा
ये जगत एक मिथ्या, विष- नगरी
भगवत नाम एक केवल सहारा।

मीरा, रसखान, नाम संत सागर
मन श्री श्याम-प्रेम विस्तारा
बैकुंठ से यनुमा घाट श्रेष्ठ
बृज में जो डूबा सो पारा।

अकर्मण्यता

ठहरा कब सुख का एक भी पल
कब रहीं परिस्थितियां मेरे अनुकूल
कब रुका संतोष पहर भर एक
कब बीतीं दुःख की रातें अनेक

असफलता का ये अनंत बोध
सीने पर रखा एक पहाड़
बेचैन रहा मैं कितने दिन,
सूक्ष्म कितना मेरा विस्तार

एक पिंजरा अपने चारों ओर
विषैला निरर्थकता का पाऊँ
जिस राह चला उस राह गिरा
मैं उठूं दिशा कौन सी जाऊं

किस अस्त्र का अनुसंधान करूँ
किस देव के लिए होमादि करूँ
अकर्मण्यता के ठन्डे अभिशाप को मैं
अब कौन सी ऊर्जा से पिघलाऊँ

मध्यम वर्ग (मिडिल क्लास)

इतना दुखी हूं कि अब मैं दुखी रहता नहीं
मेरे पास सब कुछ होकर भी कुछ रहता नहीं

पर्वत सा होकर भी बौना हूं मैं
बचपन का टूटा कोई खिलौना हूं मैं
पूरा होकर भी मैं बस आधा सा हूं
समंदर पर खुद मैं प्यासा सा हूं

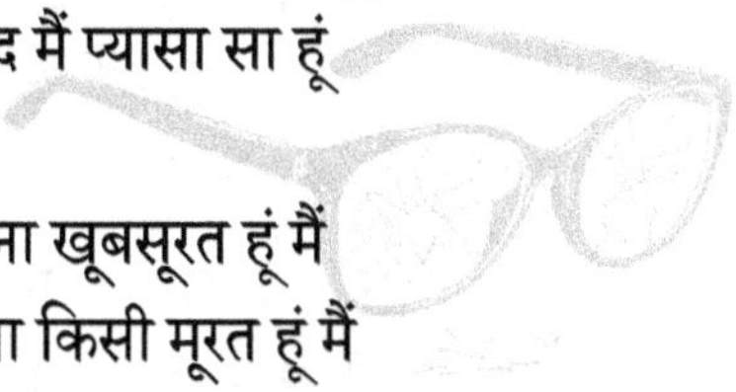

कोई फूल बिना खूबसूरत हूं मैं
कोई मंदिर बिना किसी मूरत हूं मैं
मैं काव्य होकर भी बेरस सा हूं
समर्थ बहुत होकर भी बेबस सा हूं

मैं गीत बिना कोई संगीत जैसा
मैं अकेला ना जिसका कोई मीत जैसा
एक सोच बस बिना कोई बोल जैसा
मैं हीरा न तराशा न अनमोल जैसा

समय से हारा रहता हूँ अपनों से दूर
मैं जरूरतों का किया हुआ बहुत मजबूर
मेरे कुछ पाने और खोने में फर्क नहीं
मेरा किसी पुराने मित्र से अब संपर्क नहीं

मैं उदासी के चेहरे पर मुस्कान जैसे
पुश्तैनी कोई कीमती सामान जैसे
मां के हाथों का बढ़ता धीमापन
मैं धुंधलाया हुआ सा कोई दर्पण

कभी जिम्मेदारी उठाने से कतराता हुआ
पुरानी स्मृति कोई सोच कभी मुस्कुराता हुआ
कभी बेटे के धर्म को समझता हुआ
कभी भाई को धर्म समझाता हुआ

मैं पैसे की बचत कमाने से पहले
पुराने की मरम्मत घर नया बनाने से पहले
मैं जब दिए वचनों को निभा ना पाया
बस पिता से नजरें मिला ना पाया

मैं खुशी ढूंढता हूं अपनों के लिए
मैं दौड़ता हूं हर रोज सपनों के लिए
मेरा गुस्सा, दबा कभी उबलता हुआ
मेरा रूठना, छोटा बच्चा कोई मचलता हुआ

अपने कर्म क्षेत्र में घायल हुआ वीर हूँ
खेल चुपचाप देखती कोई तस्वीर हूँ
मेरा एक पाँव है पुरानी पीढ़ी की ओर
दूसरा अपने ढलते जीवन की ओर

मैं सपनों के टूटने पर रोता नहीं
बड़ी जगहों में अक्सर मैं होता नहीं
किताबों कहानियों में मिलता नहीं
मेरा चेहरा फूल सा कभी खिलता नहीं

मैं किसी मंच से कभी बोला नहीं
बात की है, पर दिल कभी खोला नहीं

मुझको गुमनामी से बाहर आने के लिए
अस्तित्व को पहचान दिलाने के लिए
घूट विश के नीलकंठ सा पीना होगा
एक लंबे वनवास में जीना होगा

मैं पूछने पर भी सब कुछ कहता नहीं
इतना दुखी हूं कि अब मैं दुखी रहता नहीं

बिन बोले

भावनाओं के सागर का गर्भ
बिन बोले कैसे बतलाऊँ
इस उलझी हुई कहानी का
सत्य-अर्थ किसे समझाऊं

तुम समझ रही हो न
मेरी अंतहीन व्यथा
लकड़ी नहीं ये उलझन कोई
जो जल के होती राख
अग्नि - अंतर मन की ये
सुलगती सारा दिन रात

इस राख से सत्य का सकल बोध
जीते जी कैसे पाऊं
भावनाओं के सागर का गर्भ
बिन बोले कैसे बतलाऊँ

नए मकान कि नीव

नए मकान की नीव है
मेरे पुराने घर की लाश पर
निकलते हैं ज़मीन से कभी-कभी
यहाँ पुरखों के मायूस सर।
वो आँगन जिसमे माँ और मौसी,
हर शाम हंसते थे बैठकर
मेरे पैर वो मिट्टी ढूँढ़ते हैं,
पत्थरों की फर्श पर।

वही खिड़कियाँ, वही सीढ़ियां,
वही दीवारों पर पुरानी निशानियां
पर एक दरख़्त बड़ा सा खो गया,
जो छतों पे रखता था सर।

एक खालीपन दीवारों में बंद,
भटकता है अब यहाँ वहां
जिन पेड़ों पर कभी घोसले थे ,
जिस आँगन में था कभी धुप का घर।

जिन छतों पर थे दीवाली के उत्सव,
जिन मुडेलों पर उलझती थी पतंगों की डोर
जिस नीम कि बांह में झूला था,
आज वहां शेष है बस खंडर।

जिस गली में खोती थी क्रिकेट की बॉल,
जहाँ कुएँ में थे मेंढकों के घर
मेरे पैर वो मिट्टी ढूँढ़ते हैं
पत्थरों की फर्श पर।

जब मन में हज़ार बातें हो

जब मन में हज़ार बातें हो, पर मन में ही रह जायें
जब नीर उठें पीड़ा के अंदर, और अंदर ही बह जाए
जब अपना-सा कोई पास न हो,
जब जीवन में कुछ ख़ास न हो
जब दिल उलझनों से घिरा रहे, पर कोई सुलझा न पाए

जब मौन रहे चेहरा ऊपर, भीतर हो गहरा शोर
जब उठें अशक्ति और निराशा, के प्रश्न चारों ओर
जब तमस से घिरी रहे दसों दिशा,
जब ज्योति को दे दे श्राप निशा
और घूट एकाकीपन के कड़वे, पीने पड़े हर रोज़

मैं तब कुछ शब्द सजाकर खुद से साझा करता हूँ
इस पूरे रंज को आधा पीकर आधा करता हूँ

जमुना के वो मीठे घाट

अभी कल तक नाहा के निकलते थे हम
जमुना के मीठे घाटों से
तो जबाँ पे गीले गुड की तरह
चिपकती थी हलकी-भूरी रेत पैरों में।

अभी कल तक आधा ऊगा ठिगना सूरज
चमकीले हीरों से ढकता था छोटे नग्न बदन
फिर जमुना की गर्भ में सिक्के फेंक के पापा
लगा देते थे माथे पर रोली चन्दन।

सुनहरा मौसम होता था जमुना की गोद में कितना
अभी कल तक विसर्जन का प्रसाद पाकर
श्रद्धांजलि के गेंदा और गुलाबों में नाहा कर
शाम को झिलमिलाते कार्तिक-दीपों की कतार पर
जब खूब इतराती थी हमारी प्यारी जमुना।

गर्दन को दाएं बाएं अपने घुमाकर
सूर्य, चंद्र को अपनी ऊँगली पे नचाकर
बे-वजह चंचल नादान बच्ची की तरह
उछलती कूदती रहती थी जमुना।

एक बार गुस्से में अपने घाट छोड़कर
जब चली गयी थी दूर गाँव-वन-उपवन
तब कोई मुरली वाले बाबा इसे मना कर
वापस ले आये थे वृन्दावन।

जैसी निर्मल जमुना थी अभी कल तक
वैसी नहीं रही बृज की जमुना अब
कभी जिसके स्पर्श मात्र से हल्का
हो जाता था सारा तन मन
आज भारी रहता है उसी
क्षमाशील, जमुना का मन

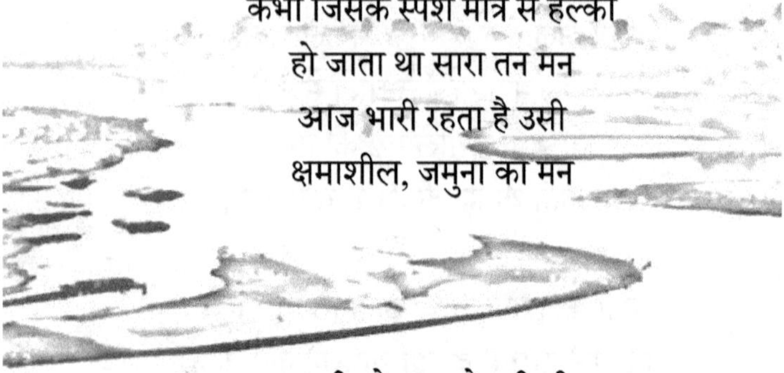

कभी जो खूब खेलती थी
सुबह शाम गौरैयाओं के साथ जमुना
सारे शहर का पाप धो कर आज
रहती है कितनी उदास जमुना

परदेस से आयी गर्म शुष्क हवा
नुकीली चुभनी, कुसंस्कारी हवा
ले गयी है छीन के वृंदा की दौलत
खा गयी है जमुना के सारे मीठे तट

काली बुरी नज़र की मारी है
जमुना की दिव्य मासूमियत
कल के ठन्डे लहलहाते अरण्य कि छवियाँ
आज बस बुज़ुर्गों की स्मृतियों में जीवित

बैठी है एक डायन सी पैर पसारे
भभकती दुर्गन्ध हवा यहाँ अब
नहीं देखा था जिसने मुंह भी कभी
सुन्दर ब्रज का, अभी कल तक।

इंटों के जंगल

परदेस के मकान कभी घर नहीं होते
मैंने तो नहीं देखे कई वर्षों तक
होते हैं बस ईंटों के जंगल जिनके भीतर
न मिलती है रिश्तों की गर्मजोशी
न होते हैं आशीर्वादों के ठन्डे साये
न माँ-बाप के पैरों का अनूठा स्पर्श
न होती है त्योहारों की ख़ुशी

होती है चारों ओर यहाँ बस
बेढब बईमान एक ख़ामोशी

सन्नाटों से गूंजती हैं अंग्रेजी सड़कें
ओर दरिया पर शाम को घूमते अकेले जहाज़
शहर से उठती है रातों की सिसकी
न कोई जुड़ाव, न कोई लगाव
बस तनाव बढाती जीवन की गति

दूर तक फैला बहुत अकेलापन
किसी अगाध दुःख की कोई परिभाषा
इन प्रेतरूपी मकानों में अकेले
कोई रह तो ले पर बसे कैसे भला

यहाँ हड़बड़ी में रहते हैं आठों पहर
दिन रोज़ बस मुंह दिखाने आतें है शहर
सुगंध मिटटी की वर्षा में होती नहीं
दोपहरें चिड़चिड़ाती है, दोपहरें सोती नहीं

न भोर चढ़ती है चेहरे को सहलाने
न गोधूलि आती है छत को नहलाने

धूप में इमारतों की काली परछाई
शहर का मुँह कुचल कर धीरे-धीरे
इन्ही इमारतों के पीछे जाकर कहीं
उतारती होगी अपने दिन भर का बोझ
अगर कोई देखे अंधेरों में जाकर
ज़रूर दम तोड़ती होगी हर रोज़ ।

पथहीन जगत

जल जंगल शांत, धरातल शांत
शांत रूप में आज फलक
शांत सृष्टि के रिक्त-माथे पर
अटल नियति का घना तिलक

अवश्यंभावी समय कि चाप
बंकर-बंद क्या मैं क्या आप
शिष्ट-अशिष्ट सब एक नकाब
बच्चो से दूर बूढ़े माँ बाप

व्याधि में विवशता का भार
पचने में कच्चा गोषताहार
(और) प्रकृति का प्रभुत्व समझने में
हमें लगे मात्र मास दो चार

अब ख़ाक दुहाई देते हैं
हम निरपराध भरपाई देते हैं
विषयासक्त की तुच्छ इकाई में सब
मूल्य जीवन की दहाई देते हैं

(कोरोना काल में लिखी)

पेड़

ठंडी छाया क्या कम थी हरे पत्तों में मेरे
या था फ़ीका मेरे फलों का द्रव्य
या कमजोर था जीवन को निरंतर
अनुरक्षण करने का मेरा संकल्प

तो फिर किस अपराध में बदन पर मेरे
ये कीलें गाड़ दी हैं तुमने
ज़ंग लगे लोहे की ये कीलें
लिपटी किसी ज़हरीली नागिन कि तरह
डस रहीं है कितना मुझे

बांधे हुयें हैं मेरी कालजयी नब्ज को
बिजली के तुम्हारे नंगे तार
गला घोंटते है आठों पहर
गले में झूलते झूठे इश्तिहार

मेरे पैरों से है लिपटी हुई
तुम्हारी प्लास्टिक की झूठन
दम घुटता है जड़ों का मेरी
ज़मीन से आती है दुर्गन्ध

तुम्हारों घरों के काले साये
अँधेरे मुझसे होकर हैं गुज़रते
तुम्हारी रौशनियों के उजाले
मेरे कन्धों पर हैं फलते-फूलते
तुम्हारी हर ख़ुशी की मंशा है
प्रकृति में मेरा अनिवार्य रोना
फिर भी मेरे अस्तित्व पर एक
अभिशाप है तुम्हारा यूँ इंसान होना।

प्रकृति का प्रतिशोध

एक दिन ये शांत ठहरे हुए सारे
नदियों के दशकों से सिकोड़े हुए किनारे
आएंगे जब अपने सैलाबी रुआब में
तुम्हारे नर-पशु संघार के जवाब में।

तोड़ के बाँध और घाटों की रोक
कुचल कर सारी लक्ष्मण रेखाएं और टोक
छोटे बे-अंकुश बच्चों की तरह
कूदेंगे घरों के आँगन में हर जगह।

प्रेत बनकर काली मांसाहारी परछाइयाँ
लिपटेंगी विष भरी नागिन की तरह
उस विकराल प्रलय का न होगा कोई बोध
प्रकृति जब लेगी अपना भीषण प्रतिशोध।

अगहन की बारिश

अगहन की बारिश ने सारे शहर को नहला दिया
छतों ने ठन्डे पानी से धोये अपने चेहरे
मकानों की दीवारों ने बनाई अपनी दाढ़ी
तेज़ गीली हवाओं ने सड़कों पर लगाया पोंछा
थके हुए रास्तों ने आँखों से अपनी
सुबह का जमा हुआ कीच निकाला
अँधेरी सोई हुई गलियां हुई बेचैन
गगन से हाथ छुड़ाकर स्याही जैसे काले शहर मेँ
गड्डों के जमे पानी में उतर आया अबोध चाँद
हज़ार बार कुचला जाएगा, हंसेगा आसमान

थोड़ी सी बारिश क्या हो गयी
शहर के कोने-कोने जाग गए
रात के इस घुप्प अँधेरे में भी
पशु पक्षियों की नींदें भी हराम हुईं

अब कल सुबह इसे जुकाम होगा
जब चारों तरफ ट्रैफिक जाम होगा।

सृजन

धरती की झुलसती छाती पर हाईवे के बीचों-बीच
किसी ने एक पौधा लगा रखा है
अटल प्रलय के विरुद्ध बिना अस्त्र
किसी ने मोर्चा संभाल रखा है

पत्थरों के भयानक साये में ये कौन बेवक़ूफ़ है इतना
जो सृष्टि के पुनर-सर्जन की जिम्मेदारी चाहता है उठाना

मती मारी गयी है क्या इस बेचारे की
जो पोषण कि ज़िम्मेदारी ली है बंजर किनारे की ?

ये पौधा कुचल दिया जाएगा या आप ही मर जाएगा
कोई पर्यावरणवादी कोई विद्रोह इसे बचा नहीं पाएगा

सूख के पौधे सड़कों पर बिखर जाते हैं
जैसे कुपोषण नवजात बच्चे अकसर
माँ की गोद में ही मर जाते है।

आस

पतझड़ में वृक्ष जैसे
रूखे नैन

अश्रु आस के
पत्तों से झरते
बनते धरती के ग्रास

छूटती इस झंझावात से
उबरने की आस

मौन अधर
गुमसुम हृदय
मन जैसे कारी रैन।

माँ, ले मैं बड़ा हो गया

"ये सारी सृष्टि बिगड़ के बन भी सकती है
माँ के आशीर्वाद में वो बुनियाद होती है"

एक बार मेरे सर पर हाथ फेरते हुए
माँ ने एक सवाल पुछा था बचपन में मुझसे
शाम कि चाय की चुस्की के बीच
हंसते हंसते
कि बेटा तू कब बड़ा होगा ?
अपने पैरो पर मेरा लाल कब खड़ा होगा?

हज़ारों मील दूर माँ से मैं हूँ आज
पर उसकी ख़राब सेहत कभी आंकता नहीं
वो याद करके मुझे सोती होगी हर रोज़
उसके उदास मन में मैं कभी झांकता नहीं

उसे ज़माने भर की हिदायतें देता रहता हूँ
अकेले रहने के फायदे देता रहता हूँ

तेरी सेवा करने से वंचित,
तेरे स्नेह से रहित
माँ, तेरे सवाल का जवाब
तेरे सामने खड़ा है
माँ, ले देख तेरा बेटा
आज कितना बड़ा है।

अंकुश होना चाहिए

गुस्से के उबाल में
       पिता से सवाल में
              धन के माया जाल में
       अंकुश होना चाहिए

पैसे के खर्च में
       सफलता के हर्ष में
             पराई वास्तु के स्पर्श में
       अंकुश होना चाहिए

दोस्तों की संगत में
       मौज-मस्ती की रंगत में
             मुफ्त की पंगत में
       अंकुश होना चाहिए

समय व्यर्थ गवाने में
       प्रेम आज़माने में
             असत्य और बहाने में
       अंकुश होना चाहिए

प्रार्थना

१

मेरी करतल में सागर भर दो
मेरे आँगन में चाँद उगाओ
मेरी सोच को सात घोड़े खींचे
माँ सरस्वती ऐसी कृपा बरसाओ

अज्ञानता का छाया प्रबल अँधेरा
जड़ता ने मन को ग्रहण बन घेरा
भृष्ट मति में शुचिता का संचार कराओ
माँ सरस्वती ऐसी कृपा बरसाओ

२

यह देख, गगन मुझमें लय है,
यह देख, पवन मुझमें लय है,
मुझमें विलीन झंकार सकल,
मुझमें लय है संसार सकल।
– रश्मिरथी, रामधारी सिंह "दिनकर"

जो सर्व-शक्तिमान है
जो सर्व-व्यापी भगवान् हैं,
परमात्मा का वो स्वरुप परम
आदिपुरुष मर्यादा पुरषोत्तम

जिसके शरीर के छिद्रों से
फूटती हैं आकाश गंगाएं

अनेकों जिसमे काल निहित
मृत्यु जीवात्म अन्तर्विष्ट

सांस खींचने-छोड़ने से जिसके
ब्रह्मांड सिकुड़ते-फैलते हैं
वो अनंत अदम्य, भू भार कोटि जो
तुलसी से झूलते-फूलते हैं

उस भुजगशयनं ईश्वर को मैंने
प्रेम-वश यूँ रोते देखा है
एक गरीब भक्त के लिए प्रलय को
आँखें भिगोते देखा है।

३
मेरे भगवान्,
मेरे पैरों में इतनी शक्ति ज़रूर देना
कि कोई भी पहाड़ बिना सहारे के चढ़ सकूँ
लेकिन घुटनों को इतना अहंकार न देना
कि किसी गिरे हुए को उठाने के लिए
झुक भी न सकूं।

४
मेरी एक छोटी इच्छा है प्रभु
तुमसे एक करबद्ध प्रार्थना
कि यूहीं व्यर्थ न मरुँ।

एक दिन ये तस्वीर पानी में घुलनी है
आँखों को एक दिन स्थिर होना है

चुप होना है बोलते बोलते
पैरों को थकना है, थमना है

तो रुकूँ ऐसे कि शरीर न भी रहे
पर धर्म का पहिया घूमता रहे
चुप हो जाऊं बोलते बोलते
पर शब्द-प्रवाह बहता रहे

देश, जन और माँ की सेवा में
निरंतर पुरुषार्थ मैं करता रहूँ
मेरी एक छोटी इच्छा है प्रभु
कि यूहीं व्यर्थ न मरुँ।

५

हे गिरिधर नागर
उठा लो अपनी कनिष्ठा पर,
मेरी मुश्किलों का गोवेर्धन
अब तो करो मेरे असफल,
जीवन पर भी कालिया मर्दन

खोलो प्रभु ओखली से बंधा,
मेरी सम्पूर्ण मुक्ति का द्वार
तोड़ों मेरे रोम-रोम में
बसा शिशुपाल का अहंकार

रथारूढ़ हैं मेरे अधर्म के
एक नहीं सो सो रावन
भ्रांतिमय सब बोध मेरा
दिशाहीन विचलित है मन

काटो मेरे लोभ-मोह की,
फैलती काबंध-सी भुजाएँ
अब तो प्रबुद्ध हो अँधेरी काली,
मेरे अज्ञान की गुफाएं

बूढ़े जामवंत की तरह,
धूप-औ-रौशनी से दूर
खाकर अंधेरों के निवाले,
रहकर अपने प्रियजनों से दूर

जन्मो से बेठा कर रहा मैं,
तुम्हारा ही इंतज़ार
हे गिरिधर नागर...

दिए जमुना में मैंने,
देखो कितनी बार जलाये
कितने ही कार्तिक यूँ ही निकले,
पर तुम अब तक न आये
जैसे लाज बचाई यज्ञसैनी की,
जैसे पुकार सुनी मीरा की
भीष्म के वचनों की लिए जैसे,
करने चले भीष्म का ही संहार

वैसे ही करना होगा तुम्हे अब,
मेरा भी उद्धार
हे गिरिधर नागर..

यह कैसा बेहिस मंदिर है

यह कैसा बेहिस मंदिर है,
जो विद्रोह आज नहीं करता

शहर से दूर, धूप में जलता
यहाँ न कोई हाथ जोड़ता,
न कोई चढ़ावा है आता

काल की धूल में सनी घंटी,
सुबह की गोधूलि में अकेली
उदास रहती तो होगी

रेहल पे रखी सभ्यता से बड़ी
ये किताब यहाँ हवा के साथ
कुछ बुदबुदाती तो होगी

हवा छू कर इसके पन्नों को
कुछ शब्द इसके कानों में
किसी पुराने दोस्त की तरह
बोल जाया करती होगी

ये मूर्ति जो आज प्रतीक्षा में है अभिषेक की
किसी दूरस्थ काल में
सम्मोहन भी करती होगी

पत्थरों को पानी पर तैरने के लिए
साधारण जन को महाबलियों की कतार में
भीषण समर के लिए
संगठित भी करती होगी

बाध्य करती होगी अधर्म को
अपने बढ़ते कदम रोकने के लिए
लाचार करती होगी समंदर को
अपना वेग स्वयं टोकने के लिए

पर कहाँ है आज के पुरोहित
कहाँ है वो ब्रह्मर्षि
कहाँ है वो जो करते थे
प्रभु राम की निरंतर भक्ति ?

कहाँ है भगवत-प्रेम में
विष पीने वाले भक्त
विदुर सा प्रेम करने वाले
भीष्म से प्रतिज्ञा बद्ध?

कहाँ है राष्ट्र के लिए
देह त्यागने वाले लोग
कहाँ है वो ऋषि जिनको
नहीं लगता था माया का रोग ?

क्या सूख गएँ है सारे आज
सनातन संस्कृति के स्त्रोत
क्या सम्पूर्ण सभ्यता की दृष्टि में
पनपा है काला खोट

मैं कैसे सुनाऊँ आह भगवान् को
क्यों नहीं भेज रहे श्री कृष्ण बलराम को
क्यों नहीं दे रहे एक आवाज़ आज श्री
राम अपने प्रिय हनुमान को

ये कैसी घंटी है जो प्रलय की
घोर ध्वनि नहीं करती
ये कैसा शंख है जिसमे शंखनाद की
धर्म-समर हुँकार नहीं भरती

केवल अस्तित्व में हैं लेकिन
प्रज्वलित चेतना नहीं भरता
यह कैसा बेहिस मंदिर है
जो विद्रोह आज नहीं करता ..

*भारत वर्ष सभ्यताओं का अग्रगामी है। यह कालजयी परम्पराओं का घर और आध्यात्मिक सत्य का संस्थापक और ध्वजधारक रहा है। और इन बातों का एक परिचायक है यहाँ के महान और अतुल्य मंदिर। लेकिन आज जिस तरह मंदिरों पर हमला हो रहा है, जिस तरह इनकी पवित्रता के खिलाफ एक देश-व्यापी षडयंत्र रचा जा रहा है, और जिस प्रकार सनातन धर्म का पालन करने वाले मौन हैं, उस व्यथा और पीड़ा पर ये कविता लिखी। रामेश्वरम के एक परित्यक्त मंदिर कि छवि है इसमें।

मुझे बताओ

घुटनो के नीचे
पैर बड़ो के पूरे झुक कर
कौन छूता है अब

ग्रीष्म अवकाश में
दादी - नानी के यहाँ
जाना कौन चाहता है अब

ज्ञान किताबों से परे
सत्य सिनेमाघरों के बाहर
अब कौन खोजता है

मुझे बताओ
कौन व्याकुल होता है आज
बच्चों में अच्छाई का अभाव देख कर

मुझे बताओ
कौन अधीर होता है आज
पनपते विपरीत स्वभाव देख कर

दोष और विकारों को
अपने सिरहाने रख
चैन से
सोती है दुनिया

यूँ कदम कदम हर रोज़
अपने नर्क की और
अनायास ही अग्रसर
होती है दुनिया

अनुच्छेद ३७०

क्या अभी तक जमी है
छतों पर सफ़ेद बर्फ

काले झंडों में दम तोड़ रही है
घाटी क्या आज भी ?

क्या अब भी गूँज सुनाई देती है कानों को
मीनारों से भेड़ियों के गुर्राने की

पत्थरों की तरह कटते झीलों के आईने
क्या आज भी उधेड़ते है ज़िंदा चेहरे

क्या आज भी बच्चों के हाथों में हैं
उनके कद से बड़ी खतरनाक बंदूकें ?

बू आती हैं हवाओं से आज भी
पिघले चमड़े जैसी क्या?

तहखानों, छतों, गलियों में बदसूरत
आज भी सर उठाये घूमती है दहशत क्या ?

नहीं शायद।

सुना है अपवित्र कब्र से बहार
आने लगी है ज़मीन अब

सुना है कुछ लोग ढूंढ रहे है
शंकराचार्य की चेतना को अब

मज़ारों से शैतानों के कंकाल
सुना है चले गये हैं वापस खंडरों में

झीलों में मिला कई दशकों का विष पीकर
सुना है लौटने लगे हैं शिव मंदिरों में।

स्मृतियाँ

बीते हुए कल की स्मृतियाँ में बंधी लाचारी
और आने वाले कल के सवाल
किसी पहाड़ जितने ही भारी
कौन जाने किस मिट्टी में दबे
जवाब इनके किस आकाश में छुपे।

सच्चे परिश्रम को मिलता है कब विश्राम
सूर्य को हर सुबह देना होता है प्रकाश
मन के तनाव को, दुःखों के प्रभाव से
सपनों की पीड़ा को, जीवन के अभाव से
फिर कब मिलता है अवकाश।

जैविक पहचान

बड़ा चालक वैज्ञानिक था वो
नापा था जिसने पूरा शरीर
लैब की चार बाय चार मेज़ पर
डीएनए दिया था पूरा चीर

नादान मगर नाप न पाया
शरीर के अंतर कि गहराई
आत्मा को कर न पाया अलग,
विफल रही जैविकी कि चतुराई

सूक्ष्म धर्म, अति सूक्ष्म जीवात्म
मिक्रोस्कॉप से कैसे दिख जाता
पंच-कोष से ढका शरीर जो
है पूरे ब्रह्माण्ड का खाका

विज्ञान बड़ा है तो अध्यात्म
भी है उतना ही महान
समझो तो आत्मा ही है शरीर का
सकल जैविक पहचान।

जवाब दो ये क्या किया

राष्ट्र को तुम ने राष्ट्र न समझा,
अपनी इच्छाओँ का बाज़ार समझा
हज़ारों सालो की सभ्यता का गौरव
कौड़ी के भाव में तोला।
रामायण की परम्परा तोड़ी
नानक के छंदों को भेदा
शहरों में बेबसी का साया, गलियों में
सांप्रदायिक दंगों का विष घोला।

कुरीतियों का सम्मान हुआ,
भ्रष्टों का हुआ पोषण पालन
दीन के ठेकेदारों से सौदा,
नैतिकता का संपूर्ण हनन

स्त्रियों कि हुई दुर्दशा,
निर्दोषों के गले कटे
मंदिरों पर चढ़ा बुल्डोज़र
आक्रान्ताओं का महिमागान किया
क्या किया, जवाब दो ये क्या किया।

इतिहास की तुमने बाँहें मोड़ी
पंडितों के घर तोड़े
दहशत कारों का सम्मान
वीरों का अपमान किया
क्या किया, जवाब दो ये क्या किया।

आओ मिट्टी डालें

आओ मिट्टी डालें
पुराने किस्सों कि कब्रों पर
उम्र भर जिन मन मुटाव कि
चिताओ को सजाये रखा
आग न दी लकड़ियों को बस सुलगाए रखा
आओ आज उनको राख बनाएं

जवाब-तलब में भ्रमवश भटके
खो कर रिश्तों कि सकल कमाई
हृदय कि नित कोमलता खोई
अहम् में प्रेम कि लाज गवाईं

जिन लम्हों में साथ न थे हम तुम
क्लेश जो छील गये प्यासे सीने
नीरवता भरी उन शामों की
जब प्रेम न था उन यादों की
बातों से पलकें न भिगोयें
कोई गिले-शिकवे न पाले

आओ मिट्टी डालें..

**किसी एक मित्र से मुझसे हमेशा के लिए रूठ जाने पर लिखी थी। पर इस नज्म में एक नया आयाम तब जुड़ा जब एक दूसरे मित्र ने बताया कि ये कई ओर आयामों में भी ठीक बैठती है, चाहे वो दो पड़ोसियों के बीच कि अनबन हो, किसी अपने का रूठना या भारत ओर पाकिस्तान के आज के रिश्तों के संबंध में। पर मैंने लिखते समय ये सब नहीं सोचा था।*

कदम मिलाकर चलना होगा

शील-विहीनता के लगे न पुतलें
सदाचार के नीयम हम गढ़े
राष्ट्र-चरित्र निर्माण हेतु अब
राष्ट्र-वाद में जलना होगा
कदम मिलाकर चलना हो
गा।

चुनाव आतें हैं आयेंगे,
काफ़िले जाते हैं जायेंगे
अवैध-संपत्ति के जमाखोर उन
राजनीति के गिद्धों को अब
पैरों तले कुचलना होगा।

कदम मिलाकर चलना होगा।

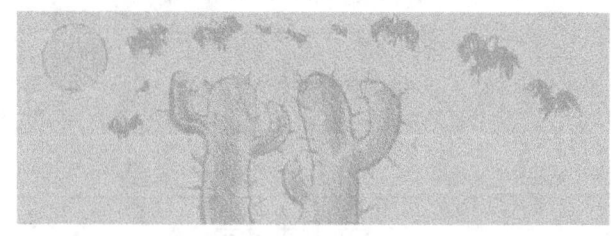

प्रमाण दो

कुशल हो, यदि अपनी माँ के गौरव हो
बहन के रक्षक, पिता के संबल हो
तो प्रमाण दो।

इंसानियत के दुश्मनों के हो यदि काल
या महान वैदिक संस्कृति कि हो कोई मिसाल
मानवता से ओत प्रोत
या किसी शक्ति पुंज के स्रोत हो।
तो प्रमाण दो।

विचारों में यदि तीव्र अग्नि हैं
जिसमें अनैतिकता आहूत हो
स्वर्णिम इतिहास को फिर पाने की
ह्रदय में गंभीरता यदि मूलभूत हो
तो प्रमाण दो।

दरख़्त

एक दरख़्त हैं जिसकी सारी शाख़ें सूखी हैं
पैरों से लिपटी है गिरकर शुष्क बर्फ,
जडों में इसके पैठ शीत की कीलें हैं
फिर भी एक चिड़िया हर रोज़
क्यों इसपर आकर बैठती हैं
क्यों मन अपना बहलाती है

नीरसता के सकल बोध में,
किस नव वसंत कि आस लिए
घोर अंध में किस भोर का
इतना गहरा विश्वास लिए

ये दरख़्त खड़ा है संकल्प शेष बस
परिभाषित कर जीवन का सार
जैसे बर्फ गिरने तक सुन्दर
फिर न कोई सूरत, न आधार

ऐसे में रवि की एक किरन
जब बादल से बाहर आती है
तब एक चिड़िया कुछ देर बैठ इसपर
मन अपना बहलाती है ।

परब्रह्म

जड़ चेतन या वृद्ध जवाँ
जब सब ही है परब्रह्म
जब समस्त जगत है वही समान
अगोचर या दृश्यमान
प्रकृति पुरुष परिचय किसका फिर ?

किस्से रूठता है परब्रह्म
किसको है मनाता
रीझता है फिर कौन यहाँ
किसको संत समझाता
भाव प्रभाव में कौन आता फिर ?

जन्म फिर किसका होता है
मृत्यु को पाता कौन यहाँ
काल की गति किस पर निर्भर
युगों का चक्रवयूह किसका
असंख्य ब्रह्मांडों में विचरता कौन फिर ?

भक्त सखा परिजन खुद का ही
बनकर खुद ही आता
प्रतिबिंब यथार्थ विविधता उसका
जब एक ही कहलाता
परिवर्तन किसका होता फिर ?

ये सब खेल मात्र है उसका
कौन त्रिगुणा, किसका त्रिलोक
कारण करता संपूर्ण वही जब
नरक का भय फिर कैसा मोक्ष
प्रलय सृजन क्यों होता फिर ?

(भगवान् श्री कृष्ण की अनंत लीलाओं को समर्पित)

जाड़ों में धूप पुराने घर के

जाड़ों में धूप पुराने घर के
आंगन में ठहरा करती थी
और अक्सर नीम के कंधों पर
झूले की रस्सी रहती थी

बारिश में मिट्टी की खुशबू
चारों ओर से आती थी
नभ में थे तारों के गुच्छे
जब घर में बिजली जाती थी

हाथों में हाथ-पंखा लिए
किस्से दिन भर के कहते थे
चांद की कोमल धुंध में सब
एक छत के नीचे रहते थे

आज धूप कगारों से छुपकर
और बारिश बच कर जाती है
वो नीम तना अब पत्थर है
खुशबू दब के मर जाती है।

तो जीवन व्यर्थ है

जिस बाप के हक़ में घर था पुश्तैनी
यदि उसको दीवार भी एक न दे पाया तू
तो जीवन व्यर्थ है...

जिस माँ ने अपना जीवन संपूर्ण
तेरी सेवा में अनुदान किया
यदि उसको साश्वत प्यार न दे पाया...

जिस भाई और बहन के स्नेह, प्रेम
विनोद में बचपन बहुमूल्य कटा
यदि उनको उपहार न दे पाया...

जिस पत्नी ने राह तकी हर शाम
यदि उसको सत्कार न दे पाया...

जिन मित्रों ने साथ दिया संकट में
यदि उनको आभार न दे पाया...

रिश्ते दो-चार जो काम आये
यदि उनको व्यवहार न दे पाया...

अनैतिकता में डूबती इस दुनिया को
यदि कुछ नैतिक विचार न दे पाया...

अपने बाद अपने अनुजों-संततों को तू
आध्यात्म-संस्कार न दे पाया...
तो जीवन व्यर्थ है...

नव-वर्ष गीत

जो घट गया क्या वो सपना था
जो बिछड़ गया क्या वो अपना था
या निशा-वृक्ष कि एक बेली पर
नाचते क्षण-जीवन के स्वर
मन विचलित पर नव-वर्ष-गीत
गाने का अवसर कैसे गवाऊँ..

आँखों कि मोतियाँ बुन के
मैं बैठा खिड़की एक चुन के
साल बीता या साल और एक छूटा
दर्पण मन का काँच सा टूटा
अकेलेपन को ओढ़ के आज
घर के अंदर कुछ देर न जाऊं

सिरहाने संगीत अनोखा
मन में व्याकुलता का शोर
मेह्ताबों से आँखें चमकीं,
चित्त में उमड़े घटा घनघोर
मित्रों से भी नाता छूटा
किस को जाके व्यथा सुनाऊँ

साँपों से लिपटा रहे बदन
मन को कैसे रखूं चन्दन
जीवन रथ शिखर पर मैं
अर्जुन भी मैं, केशव भी मैं

अर्थी एक दिन द्वारे से उठनी,
मैं उमर भर इसके अधर सजाऊँ

मन विचलित पर नव-वर्ष-गीत
गाने का अवसर कैसे गवाऊँ.. ।

इंक़लाब की ज़िद

वो हाथों से अपने सजा न सके
थाली में विष भोजन मेरे लिए
मैं भी अपने मुंह में कसकर फसाये
बैठा था आसमानी जुनून लिए

बाहर देश मेरा सारा जयघोष कर रहा था
भीतर दुश्मन का लोहे का सीना फट रहा था

भूख के उस अग्निकुंड में अंग्रेजों का अहंकार
भस्म हो मुझे नया जीवन दे रहा था

मौत जेल कि सलाखों में फस के रह गयी थी
आज अगर आएगी तो घुटनो के बल चलकर आएगी
आज मेरी भूख, मौत से शिकस्त नहीं होगी
मौत मेरी इंकलाब की ज़िद से मात खायेगी

(मेरे प्रेरनास्रोत जतिन्द्र नाथ दास (*यतीन दास*) के लिए)

प्रेम

प्रेम को खूँटी पर टांगा नहीं जाता
कपड़ों की तरह सूखने के लिए
प्रेम को हरदम पहनना पड़ता है
हाथों में चूड़ियां गले में चेन कि तरह
बार बार दिन में देखना पड़ता है
मोबाइल फ़ोन या घडी कि तरह

प्रेम हर रोज़ का नियम भी है, और आज़ादी भी
प्रेम एक परिश्रम भी है, निर्भरता भी
संकल्प की एकादशी है प्रेम
त्याद से भरा एक त्यौहार है प्रेम

प्रेम शब्दों को देख सकता है
प्रेम मौन को सुन सकता है
सुख और दुःख प्रेम के पार्षद है, स्वामी नहीं
प्रेम अपनी उपेक्षा से कमज़ोर होता है, बलवान नहीं

प्रेम एक नखरा भी है, एक फुसलाना भी
प्रेम एक आवेग भी है, एक स्थिरता भी

एक बहुत गहरे एहसास को रोज़
मामूली बातों में जीवित रखना
प्रेम का नित्य परीक्षण भी है
और आनंद भी।

क्यों मन में अनंत गगन का, खालीपन भरता जाता है

क्यों मन में अनंत गगन का, खालीपन भरता जाता है
क्यों हृदय किसी तड़प-सूत्र में, मानो बंधता जाता है।
क्यों चित्त अधीर हो मेरा, व्याकुलता लिए अधरों में
टूटे किसी बादल जैसा, अश्रु बन गिरता जाता है।

क्यों मूल्यहीन लगती है, जीवन की सकल कमाई
क्यों उम्र जान पड़ती है, निरर्थक सी एक चौपाई
मैं कोशिश कितनी भी कर लूँ, पर नीरसता की जकड़न
दे जाती है मेरे मन में, अटकी-भटकी सी ऐंठन

क्यों ढलती धुप का साया, मकानों पर से गुज़रते
दीवारों को मेरे घर की, काला करता जाता है
क्यों मन में अनंत गगन का...

मैं न हूँ हारा अभी तक

कभी अधोमुख, कभी आशाप्रद
अपूर्ण लेख-प्रारूप की हद
लेकिन मायूस मन से उम्मीद का
श्वेत आवरण नहीं उतारा अभी तक
मैं न हूँ हारा अभी तक

अभिव्यक्ति की रचना जटिल है
काव्य का सृजन और मुश्किल है
शब्दों के एक सुन्दर धागे का
परिधान तैयार नहीं सारा अभी तक
मैं न हूँ हारा अभी तक

उम्र को गुज़रते सालों के तराज़ू में तोलता हूँ

उम्र को गुज़रते सालों के तराज़ू में तोलता हूँ।
एक बाट में जीवन का उद्देश्य
दुसरे में लिए निस्पन्दता का द्वेष
मैं दोड़ तो बहुत सालों से रहा हूँ
लेकिन पहुंचा कहीं भी नहीं।

वर्तमान से निकलतीं हैं भविष्य की गहरी सुरंगें
सुरंगों में है उम्मीदों के कंकाल
कंकालों में दबी महत्वाकांक्षाओं कि आत्माएं
खटखटाती हैं रोज़ दरवाज़े मेरे

प्रेत कि छोटी यात्रा जितने क्षणिक
ज़मीन-जायदाद, रिश्तेदार, मित्र
मृत्यु का भय लिए उनपर किसी घुड़सवार सा चढ़ा
मैं, दौड़ तो बहुत सालों से रहा हूँ
लेकिन पहुंचा कहीं भी नहीं।

बाट जोड़ता हूँ, स्वप्न देखता हूँ
नीरसता का घना बोध लिए
निरन्तर अपने मन के अंदर
अवसाद और आशा के धागे
खुद की उलझाता, खुद की खोलता हूँ

उम्र को गुज़रते सालों के तराज़ू में तोलता हूँ।

समय बहुत तेज़ क़दम यूँ

समय बहुत तेज़ क़दम यूँ
सीने पर से गुज़र गया
मेरे स्कूल के बच्चे बड़े हुए
मेरा बचपन मुझसे बिछड़ गया

वो शाम को आसमानो में
सितारों कि टोलियां किधर गयीं
वो चाँद-आँगन का क्या हुआ
वो दोस्त नीम सा किधर गया

दीवाली पर रॉकेट, होली पर मीठी गोलियां
मिलते थे बचपन में मुफ्त
वो ख़ास मोहल्ला क्या हुआ
वो रिश्ता मुँह बोला किधर गया

समय बहुत तेज़ क़दम यूँ ...

एक बहुत लम्बी उम्र तक

एक बहुत लम्बी उम्र तक
यूँ सिलसिला हम दोनों का चलता रहा
वो मुझे पाने से कतराती रही
मैं उसे खोने से डरता रहा

वो ख्वाइशों की ऊँची उड़ान सी
मैं नकमियाबियाँ ओढे बेजान सा
वो खुले आसमान में पतंग सी
मैं ज़मीन पर पत्ते सा बिखरा रहा

एक बहुत लम्बी उम्र तक
यूँ सिलसिला हम दोनों का चलता रहा..

चैट

अजीब सा एक दौर चला है आज कल
बातें नहीं होतीं अब 'चैट' होती है हर पल

न कोई आवाज़ सुनाई पड़ती है
न किसी का चेहरा दिखता है
बातों का वो पुराना मीठा लहजा, गुस्सा,
हँसी, उदासी, गरमाहट
चैट पर कुछ भी नहीं पहुँचता तुम तक

शब्दों के उड़ते हुए अर्थ,
विस्म्रतियाँ, अधूरापन, खोखले दर्प
सारा सारांश हो जाता है व्यर्थ

शब्दों का सस्ता इश्तहार रचती है चैट
मन, मिटटी के जज़्बात लिए दूर तक
जाता है फिर लौट आता है खाली हाथ

झूठी संवेदनाओं के छोटे-छोटे टुकड़े
भरी दोपहरी में खाली बसों, रिक्शे जैसे
आते जाते है, यहाँ से वहां
दूर गूंजती, कोई यतीम आवाज़ सी
लगती है ये आधुनिक चैट मुझे।

कभी मुझसे ये कहो

सोचता हूँ की कभी तुम मुझसे कहो ये की
तुम्हारी किसी नज्म में दम तोड़ने का मन करता है अमित
ओढ़ के इनके लफ़्ज़ों को सो जाने का मन करता है
नज्म, चलती फिरती किसी ज़िंदा इंसान सी तुम्हारी
सांस लेती, बात करती, लगती है मुझसे

जाड़ों में इन्हे ओढ के सो जाऊं कभी
तो ठण्ड नहीं लगती अकेले पन की मुझे

पढ़ते पढ़ते लफ्ज़ इनके, ज़बान पे सो जाते है मेरे
बातें सीने में ठहर जाती है मेरे

किसी से कुछ कहना चाहूँ तो लगता है यूँ
जैसे यही लफ्ज़ जाग गए है फिर से,
यही बोल रहे है और मैं चुप हूँ

सोचता हूँ की कभी तुम मुझसे कहो ये की
तुम्हारी नज़्म के दरख्तों पर कोई पत्ता सूखा नहीं रहता कभी
हर शाख पे एक नयी चिड़िया बैठी है,
हर शाम वो एक नया गीत गाती है मेरे लिए
हर मौसम में खिलते है इसके फूल
कितने ही फूल तोड़ अपने बालों में सजाये हैं मैंने अब तक

सोचता हूँ की कभी तुम मुझसे कहो ये की
तुम्हारी किसी नज्म में दम तोड़ने का मन करता है अमित ..

अंतर मन

पानी है पत्थर पे ठहरा हुआ
चेहरा बना हुआ है दीवार
अंतर मन की पीड़ा
पर आये नहीं बाहर

मेरी छत पे न उतरा कभी
सुकून का सुन्दर नारंगी सूरज
मेरे घर न आया कभी
कोई सुखद खत
और उम्र ले चल बड़ी है
अरमान, जो थे दो चार

रिश्ते चटकते शीशों जैसे
आवाज़ों का लिए डर
शोर से कांपती मन की दीवारें
अशांति लिए ऊँचा सर

उस पर ये मोम जैसे जज़्बात,
हज़ार....

शाम होते ही समेटने लगता हूँ

शाम होते ही समेटने लगता हूँ
खाली सूखे बिखरे दिन

चेहरे से उतारता हूँ
ठन्डे ख़्वाबों के रंगीन लिबाज़
और गिनने बैठ जाता हूँ
बीते लम्हो के बेतुके ख़िताब

कितने संजोये हुए हूँ बैठा
कितने बाकी हैं समेटने अभी
बाक़ी है कितनी निरुत्साहता अभी,
शेष है कितना मुझमे जूनून
थी गए वक़्त में कितनी ज़िन्दगी
जो बीत रहा उनमें है कितना सुकून

कारागार जैसी इस कमरे कि दीवारें
क्यूँ गिरतीं नहीं कभी डोलकर
क्यूँ चुन चुन के मरते हैं लोग
क्यूँ एक बार में नष्ट नहीं होते ये शहर

इस नए मकान के बिसात में
चिरागों के तले दम तोड़ती रौशनी जैसे
फिरता हूँ देश देश, यहाँ से वहां
कैद हूँ अपने आप में,
धीरे धीरे पिघलता हूँ
खुली बर्फ की तरह

मन का भारी अवसाद उतरता नहीं
बढ़ती जाती है आँखों की थकन
शाम होते ही समेटने लगता हूँ
खाली सूखे बिखरे दिन..

सब कुछ शांत, किसी मरघट की तरह

सब कुछ शांत, किसी मरघट की तरह
सन्नाटा रात की चाबुक लिए खड़ा है
घर का हर बर्तन झूठा,
सोच का हर आईना बुत बना खड़ा है

वो समय जिसमे थी तेरे साथ की गरमाई
कल एक टूटा तारा उस समय का
मेरी स्मृति से होकर गुज़रा किसी प्रतिबिंब की तरह
संभाल के रख ली मैंने उसकी परछाई

कब से इन सफ़ेद दीवारों को
इसी सन्नाटे में तकता हूँ
जैसे कोई कफ़न ओढ़ रखा हो
ये बोलें तो मैं भी कुछ बात करूँ।

इस निर्जीव कमरे से बाहर,
बिजली के खम्बे पर झूलते हुए दुधिया बल्ब को
पर्दादार खिड़की की बेशरम एक दरार से झाका,
तो लपक के मेरी गोद में आकर बैठ गया
और इस सफ़ेद कागज़ पर उतार रहा हूँ,
दूर किसी देवता के कदमों की चाप,
किसी उड़ती हुई आहट के कदम
पर कुछ भी तो नहीं है लिखने को आज

सब कुछ शांत, किसी मरघट की तरह।

जहाँ प्रेम नहीं प्रतिकार हो

प्रेम नहीं प्रतिकार हो
स्वार्थ जहाँ आधार हो
मन ही मन द्वेष जहाँ पलता है
रिश्ता वो कभी न फलता है

स्वाभिमान को घाव लगे
और त्याग का अभाव लगे
अहंकार जहाँ प्राथमिकता हो
समर्पण निश्चय ही ढलता है

जहाँ मौन रहना ज़रूरी हो
साथ केवल मजबूरी हो
शिकायतों की विरक्त ज्वाला में
हृदय जहाँ निरंतर जलता है

रिश्ता वो कभी न फलता है..

शाम को थक के बिस्तर पर

शाम को थक के बिस्तर पर
खुद को यूँ फेकता हूँ जैसे
खेल हारने के बाद जुआरी
ताश के पत्तों को गुस्से में मेज़ पर

सांप कि केचुली कि तरह
पूरा बदन उतरने लगता है हाथों से
धीरे धीरे सुबह कि ओस कि तरह
तुम्हारी याद उतरती है फिर आँखों से

बात करते करते जम्हाई लेते तुम्हारे होठ
उफ़ ! जितनी बातें थी, उतना था सुकून
मेरे घर तक आने वाले रास्तों पर
अपने आँखों के दिए रखता चलता हूँ
जो किसी थकी हुई शाम तुम्हारा लौटकर आना हो
तो मेरा घर न भूलो।

बहुत कुछ भूल सा गया हूँ अब

बहुत कुछ भूल सा गया हूँ अब
स्मृति छूट गयी है नामों की,
कहानी किस्सों की बातें भी अब
बेरंग हो चलीं

लम्हे किसी पुरानी किताब के पन्नों में रखे
गुलाब जैसे सूख गये हैं
तारीखें कमज़ोर होकर
टूटने लगीं हैं कैलेंडर से

पुराने झगड़ों के मानें सब मिट चुके
प्यार, लड़ाई सब फ़िज़ूल हो चला
कुछ भी उस तरह से याद नहीं
जिस तरह से बीता था तब
यक़ीनन तुम्हें भी याद न होगा सब

बहुत कुछ भूल सा गया हूँ अब

जी में तो आता है

जी में तो आता है
कि हाथ डाल के इस मन को
बहार निकालूँ हलक से
निचोड़ दूँ इसमें फंसे हर ख्याल को
किसी गीले कपड़े की तरह,
तोड़ मरोड़ के इसे कई बार
पटकूँ पत्थर पर,
झटकूँ और सूखा दूँ
विस्मृति की धूप में थोड़ी देर

उड़ जायेंगी जब सारी स्मृतियाँ
सूख जाएगा जब सारा बदन
जब शेष कुछ भी न रहेगा स्मरण
तब ही हल्का होगा मन

ख्याल

दूर क्षितिज से उड़ता हुआ
धूप में थके हुए मकानों पर पैर रखता हुआ
बिखरे बाल लिए, दौड़ते मूढ़ बच्चे जैसा
एक हाथ से अपनी पैंट संभाले
दुसरे हाथ मुँह में डाले

जब भी कुछ लिखने बैठता हूँ
आ जाता हैं ये बेकायदा सा ख्याल तेरा

आज नींद नहीं है आँखों में

आज नींद नहीं है आंखों में
आज चैन नहीं है रातों में
क्या कहूं कि मैं क्यों रोया था
क्या बात थी उन हालातों में ..

आज याद मुझे फिर आया है
जो वादा नहीं निभाया है
और पछता रहा उस बात पे जो
कह दी थी बातों बातों में ..

आज गुज़रा था दिन थम थम के
और रात बीत रही थम थम के
आज बीता फिर से वो सावन
में जला था जिन बरसातों मैं..

कमज़ोर हो गया हूँ जैसे
जंजीर पड़ी हो पैरो में
सह जाता हूँ हर मार की
मेरे हाथ बंधे हो हाथों में..

(2014)

मैं और मेरे स्वार्थ ने मिलकर

मैं और मेरे स्वार्थ ने मिलकर
धीरे धीरे, चुन चुन कर
रिश्तों के रंगीन लीबाज़ों से
सारे धागे उधेड़ दिए

शर्म सारी खो चुकी न जाने कब
पूरा बदन खुला रहता है अब
ऐसा एक भी कोना सिला न रहा
जिसे दुखों कि सर्दी में लपेट सकूँ
सुलगते दिनों में ओढ़ कर जिसे
सूनेपन की झुलस से बच सकूँ

मैं और मेरे स्वार्थ ने मिलकर

एक अरसे से घर नहीं गया हूँ मैं

एक अरसे से घर नहीं गया हूँ मैं
लगता है कहीं ठहर सा गया हूँ मैं

घर के दरवाज़े अब न जाने कैसे होंगे
मुझे पहचानेंगे, या मुंह मोड़ लेंगे

सिमट गया है मन का उजला विश्वास
याद आते है बचपन के सारे पल ख़ास

कहीं मेहमानों सा अपने घर में न देखा जाऊं
उलझन में है मन, घर लौट के जाऊं, न जाऊं

दूर अपनों से भाग भाग कर थोड़ा
डर सा गया हूँ मैं..

एक अरसे से घर नहीं गया हूँ मैं

दामन बचा के शाम दरवाज़े से यूँ उठी

दामन बचा के शाम दरवाज़े से यूँ उठी
जैसे किसी लौटी हुई बरात के लोग
ढलती धूप का हर कतरा मुंह छुपाये
गली के रास्ते पेड़ के पीछे से भागा
शायद आज महसूस हुआ होगा इसे
मेरे हर दिनों को जलाने का मलाल

दामन बचा के शाम दरवाज़े से यूँ उठी..

कोई चुड़ैल बैठती होगी उस नदी किनारे अब वहां

कोई चुड़ैल बैठती होगी उस नदी किनारे अब वहां
कोई पेड़ रात से लिपट कर सारी रात रोता होगा वहां
सूखे पत्तो कि सरसराहट बाँझ ज़मीन से उठकर
हवाओं में अपना घर ढूंढ़ती होगी वहां

किसी लकड़ी के टूटे तख्ते पर बैठी
शांत पानी में अपने मनहूस पैर लटकाये
ओढे दरख्तों के डरे हुए सर
जहाँ साथ घुमते थे कभी हम-रौशनी के साये

एक दुसरे में खोकर हम दोनों कभी
एक दुसरे को ढूँढ़ते थे जहाँ
कोई चुड़ैल बैठती होगी उस नदी किनारे अब वहां

ये जो पंछी बीते कई सालों से मेरे सर पे बैठा है

ये जो पंछी बीते कई सालों से मेरे सर पे बैठा है
बस अब चंद दिनों में उड़ने वाला है अपने घर की ओर
मैं कोसता रहा इसे जब तक बैठा रहा मेरे सर पर
अब जा रहा है तो आँखों में उम्मीद लिए
हाथों में दाने लिए इसे मना रहा हूँ
कि मत जा, मेरे पास से मेरे यार
मेरे सर को ही अपना अब बना ले घर
रह जा यहीं पर की तेरे बिना
अकेला मैं किसे कोसूंगा अब, बस खुद को?

ये जो पंछी बीते कई सालों से मेरे सर पे बैठा है..

(बचपन की कोई पुरानी आदत छूटने पर जैसे क्रिकेट)

आज मौसम गुस्से में है

आज मौसम गुस्से में है
हवाओं पर एक अजीब सा पागलपन है सवार

बिजलियाँ बादलों से निकल-निकल कर
शहर को डराने लगीं है कूद कर
खिड़कियों से हाथ छुड़ा-छुड़ा कर
परदे भागने लगे हैं इधर उधर
कंधों से लड़कियों के सलवार
छूट रहें हैं उन्माद में बार बार ।

शांत पेड़ों से आज निकलती है चीखें
सूखे पत्ते, कागज़, प्लास्टिक के थैले
किसी रूप बदलते राक्षस की तरह
उड़ रहे हैं हवाओं में बवंडर बनकर

छत-मुँडेरों को मौसम अपने दांतों से काट कर
सिमटा रहा हैं बालकनियों को घरों के अंदर

गुस्से में अपना ही शहर बर्बाद करता
इंसानी फितरत जैसी ही है मौसम की आपदा

पर आज भी तुम्हारा एहसास इस तूफान में
जैसे बच निकलकर कोई खूबसूरत एक रुमाल
सो गया है अभी उड़ आ कर मेरी गोद में
सृष्टि के इस महा गृह क्लेश से दूर
अगर शांति है कहीं तो बस इसी एहसास में

इसी एहसास की छाँव में
कुछ देर चहल कदमी करूँगा
फिर वापस जो लौटना है मुझे
इसी मौसम के पंजों में..

(मुश्किलों में या विपरीत परिस्थितियों में, किसी अपने के ढांढस बंधाने पर)

दीपावली

कई उड़ती उड़ती रौशनियाँ,
कल रात से बैठीं हैं कमरे में मेरे
दूर आवाज़ों कि गूँज का मेला
लगा है कानों में मेरे

सड़कों पर जलते पटाखों का धुआं,
हवा पर दबे पाँव रखकर,
यूँ चढ़ा जैसे किसी हड़बड़ी में हो
मेरे कमरे तक सातवीं मंजिल पर

ये सब एक साथ बैठे हैं यहाँ,
ज़ोर-जबर करके मुझसे पूछ रहें हैं, बताओ
आज भी बस क्या दिल जलाओगे
कम से कम एक दिया तो जलाओ।

कुछ नयन जल बहाके मन बहलाता हूँ

रूखे रूखे से हाथ रात के माथे पर फेर कर,
रोज़ तिल तिल टूटते सपनों की खुश्बू,
काल की हथेली से रोज़ उतारता हूँ
कुछ नयनजल बहा के
              मन बहलाता हूँ।

किसी मंजिल की न कभी तलाश थी,
न ही बना किसी एक रास्ते का पिट्ठू कभी
जो विधाता से लेकर आया,
मुट्ठी भर रत्नों सी काया,
उसी से अपनी दरिद्रता के, घाव सहलाता हूँ
कुछ नयनजल बहा के
              मन बहलाता हूँ।

दोस्त

एक दूर गिरा कटकर बाँहों से,
एक आँखों से उतर गया,
अब मैं भी किसको याद करूँ,
उम्र के साथ ये हुनर गया।

एक का अपना दफ्तर है,
एक बहुत बड़ा अफसर है,
एक लिखता न जाने क्या क्या,
एक दिखता टीवी पे अकसर है।

एक से मैंने प्यार किया
एक ने मुझको छोड़ दिया
समय फिरा, पलटा, जाने किसका कब
लो, बिछड़ गए न सब।

मेरा सच

पाप का घड़ा अब तो टूटे
खुदगर्ज़ी कि गाँठ अब तो खुले
सच को थोड़ा दम, थोड़ी सांस
अब तो मिले

झूठ का काला चश्मा आँखों पर
यूँ कब तक चढ़ाये रखूं
कितनी बातों के चोर दिल में
यूँ कब तक छिपाये रखूं

सच जीवन का, उधड़ा मलीन सच
बंद कमरे से कहीं किसी रोज़ अगर
भटक जाए शांत रास्तों पर
या चढ़ जाए किसी अपने की जबाँ पर
किसी की आँखों से झाँक ले कभी
तो कोहराम मच जाए चारों ओर

झूठ गिरेबान पकड़ता है जबरन
सच किसी शर्ट के बटन जैसा
टका रहता है चुपचाप

पर गला घोटता है काला सच
जिंदगियों कि बद्दुआएँ लिए
ये मेरा काला सच
अंतिम अग्नि में
मेरे साथ ही जाए तो अच्छा।

खुद से बात करता हूँ मैं खुद के बारे में

खुद से बात करता हूँ मैं खुद के बारे में
खुद ही सवाल करता हूँ और खुद ही जवाब पाता हूँ
सोचता हूँ जब भी मैं खुद के बारे में
खुद को ही किसी सोच में खोया हुआ पाता हूँ

कहता हूँ मैं खुद से खुद के दिल की बात
खुद से रूठता हूँ ओर खुद को ही मनाता हूँ
ख़ुशी भी देता हूँ खुद को और ग़म भी
खुद ही चोट खाता हूँ और खुद ही संभल जाता हूँ

खुद से ही मांगता हूँ मैं खुद के बीते पल
खुद के कुछ लम्हों पर कभी यूँ ही हस जाता हूँ
खुद को जब तलाशता हूँ मैं खुद की ज़िन्दगी में
खुद से मिलकर मैं खुद को ही पा जाता हूँ

खुद तक ही आता हूँ मैं खुद से ही चलकर
खुद के लिए लिखता हूँ गीत और फिर गुनगुनाता हूँ
खुद में हर दम जीता हूँ मैं खुद को जिंदा रख के
खुद में जब उतरता हूँ तो खुद में ही डूब जाता हूँ

तू सहता जा

नज़र उठा के देख ज़रा, तारों से ये आकाश भरा
देख रातें देख सवेरा, ये सुनता तू कहता जा

देख हवाएं कबसे बहतीं, जंगल पर्वत ये सब सह्तीं
गर्म-ओ-ठंडी इन फिजाओं को, सहता जा तू सहता जा

टकराती जो चट्टानों से, क्या डर इनको वीरानों से
बहती है तो बस बहती है, जल धाराओं सा बहता जा

क्या ढूंढ़े तू चार दीवारी, बड़े शहरों में बड़ी घर बारी
एक पकड़ दिल का कोना, और रहता जा बस रहता जा

दोस्त बन गए अफसर सारे, उनके अपने दफ्तर सारे
अपने पन्ने खाली बिखरे, इनको तू बस तेहता जा

देख तो कदमों के नीचे, ये सालों से कितना सहती है
दिल मेरे इस धरती सा तू, सहता जा बस सहता जा

(एक दशक पहले, छोटे भाई राहुल को अनायास ही प्रेरणा देने के लिए लिखी थी)

व्यर्थ है यादों को संजोना जिनका अंत नहीं

व्यर्थ ही है यादों को संजोना, जिनका अंत नहीं।
सागर को चुल्लू में कौन भर पाया
आकाश को आँखों में कौन समां पाया
कितना बेबस हैं इंसान की उड़ान का सीमित
बच्चों की तरह इनसे रोज़ खेलना,
इन्द्रधनुष के रंग आँखों में लिए फिरना
जैसे जेबों में अकसर सूख जाते हैं बारिश के खज़ाने
किसी गिलहरी से छीन कर जो जमा करते थे
शाम तक हाथों और चेहरे पर
सारे दिन कि धूल के निशान बिछाकर
हम जो बनाते है कच्ची यादों के मकान
जितना बनाओ उतना टूटते है ये
पक्की धुप में हमसे रूठते हैं ये

उम्र के पिघलते आईने में साफ़ कभी कुछ दिखता नहीं
बहते पानी पर कोई अक्स कभी टिकता नहीं
व्यर्थ ही है यादों को संजोना जिनका अंत नहीं।

जीवन के अंत चरण में ही

जीवन के अंत चरण में ही
ओ प्रिये अब तुमसे बात होगी
जैसे कभी न मिले अभी तक
वैसी एक मुलाकात होगी

किस्सों के पन्ने पलटेंगे
लम्हो की गांठे सुलझेंगी
पुराने दिनों की धुप या फिर
नए चाँद की रात होगी

जीवन के अंत चरण में ही
ओ प्रिये अब तुमसे बात होगी

(एक पुराने दोस्त के अचानक ही दुनिया से चले जाने पर)

निशब्द

अब सोचता हूँ की लिखने में कितना समय नष्ट हुआ
न कुछ ढंग का लिखा न कुछ हासिल ही किया
और ये ख्याल आया भी तो आधी उम्र जाने के बाद
जहाँ से न वापस लौटने का रास्ता दिखता है
न पूरी मंजिल दिखती है आने के बाद

बीच से मुड़ूं तो किस दिशा में
यहाँ से नियति बदलेगी तो किस ओर
लौटने पर कौन इंतज़ार में होगा मेरे
या अकेला, जैसे चला था
वैसे ही लौटूंगा खुद के पास
निशब्द..

शौर्य से ही सीमा पर

शौर्य से ही सीमा पर,
फिरता है नौजवान मन
शौर्य से ही भव्य इंद्र-
-प्रस्थ बनता है खांडव वन

हर तानाशाह कि भूख
सर पे ताज, जूतों में सर
हर चन्द्रहास का भय
दूब-तिनके का आंदोलन

चरित्र धैर्यवान का
निष्ठा दाम्पत्य कि
और माँ कि ममता में
हैं स्वयं नारायण

श्लोक चारों वेद के
मानस तुलसी दास का
गीत सूरदास के
है ऐसा धाम वृन्दावन

चलो बढे सात्त्विक जीवन की ओर

प्रकृति से कोई द्वेष न हो
ईर्ष्या मन में कोई शेष न हो
ईश्वर वंदना से हो
आरंभ हर भोर
चलो बढे सात्त्विक जीवन की ओर

निवाले में हो न मांस आहार
सत्य वचन नैतिक हो विचार
जन-जन में हो नारायण का दर्प
स्वार्थ रहित
परोपकार की ओर
चलो बढे सात्विक जीवन की ओर

ज़मीं नहीं बची

ज़मीं नहीं बची
पेड़ लगाने को
आसमान नहीं बचा
पंख फैलाने को

खागई सारे जज़्बात
ज़माने की मजबूरियां
रिश्ते पास नहीं
रिश्ते निभाने को

सिर्फ परिश्रम नहीं
आशीर्वाद भी चाहिए
रूठा हुआ कोई
देवता मनाने को

छत गिर गयी थी
थोड़ी सी बारिश में
पिता का हाथ था
मेरा सर बचाने को

भाग २ (नज़्म संग्रह)

"
मुझे ग़मों से सुलगती शामों ने
खूबसूरत कितना बना दिया
मेरी आँख धूप में जली हुई
मेरा चेहरा चाँद का धुला हुआ
"

चलो आज एक और नज़्म सुनाऊँ

चलो आज एक और नज़्म सुनाऊँ
पुराने किसी ज़ख्म को खोल
या अधूरे किसी ठन्डे किस्से की
गर्भ को सुलगती लकड़ी से टटोले

लकीर बनाऊं मैं टेढ़ी-मेढ़ी
भूले बिसरे से किसी नाम की
अपने सख़्त हाथों से मरोड़ूँ
कलाई विस्मृत किसी शाम की

चला जाऊं उस पल में वापस
जब अपने गुलाबी रुमाल के तारों में
नब्ज़ थाम लेती थीं वक़्त की तुम
और मुझे अपने गले के हारों में

ज़हन में बनाऊं उन घड़ियों के चेहरे
जो बैठे बैठे बेसुध हो जाते थे
तुम्हारे साथ की कोमल गोद में
सर रखते, और सो जाते थे

समय की बेल पर लिपटी कहीं
ऐसी एक कहानी को बेहला के
फुसला के मैं फिर नींद से जगाऊँ
चलो आज एक और नज़्म सुनाऊँ ....

पहचान

मैं जब पैर हिलाता हूँ ऑफिस में बैठे बैठे
तो पिताजी बाहर निकल आते हैं शरीर से मेरे
निराशा में उनका भरा हुआ होंसला
कुल्कुलाता है मेरे मन के भीतर से
उन्हीं के शब्द गुस्से में लेता हूँ उधार

भजन सुनता हूँ कभी तो
संगीत के साथ नृत्य करती है आत्मा
और आंखों से मोती बनकर,
टपकती है भावविह्वल माँ

कभी मेरे चेहरे के दायीं-बायीं ओर से
झाँकता है बाबूजी का चेहरा
पूरा शरीर कहने को तो है मेरा
पर इसके कोने कोने में व्यक्त है
माँ बाप कि सुन्दर अद्रश्य परछाई
जैसे धुन किसी गाने कि संगीत से लिपटी हुई
जैसे निर्विकार शरीर में आत्मा का वास
जैसे वृन्दावन की गलियों में मोहन का एहसास

जो पूर्वजों से मिले संस्कार है
वही तो शरीर का श्रंगार है
उन्ही की अच्छी बुरी आदतें
इस स्थूल शरीर को वरदान है
जो दिखती नहीं आसानी से
बस वही इस शरीर की पहचान हैं.

यहीं से शुरू हुई थी तेरी मेरी कहानी

यहीं से शुरू हुई थी तेरी मेरी कहानी
यहीं पर पक कर गिरे थे कभी, हमारे लबों से हसीं-कहकहे
इसी खिड़की पर कभी दिन थक कर सो जाता था
इसी बॉलकनी से आधे लटक कर कभी
शहर के गिरेबां में झाँकते थे हम दोनों
इसी घर में चुपचाप ठन्डे पाँव रखती थी कभी
बेनूर झिलमिलाते सितारों की टोलियां
इसी ज़मीन पर हमारे पैरो की करवटें
रोज़ सुबह-शाम जिया-मरा करतीं थीं

यहीं कहीं आज खो गये हैं ज़िन्दगी के मानी
यहीं से शुरू हुई थी तेरी मेरी कहानी ...

मैंने, आज सीने से तोड़ा

"न जाने क्या बात थी उन दो-चार क़दमों के फासलों में
वो मुड़ के वापस आ भी सकता था, न जाने क्यूँ न आया"

मैंने, आज सीने से तोड़ा
जिस्म से काट कर फेंका
पैरो से कुचला, मसला
बरसों पुराना बासी एक ख्याल
हाथों को झाड़ के फिर
चेहरे से उसका अर्क उतारा
नफ़्ज़, जो बंधी थी उससे, काट ली
दर्द सहा, चीखा
फिर चुप हो गया,
बैठ गया

वो ख्याल लेकिन मरा नहीं
अपनी आखिरी सांस में भी मुझे
घूर रहा है अधमरा सा
नज़र हटाऊँगा तो रेंगता हुआ
मेरे सीने में आकर बैठ जाएगा फिर से

तेरा ख्याल, कैसे जाएगा,
कैसे?

टूट के गिरने लगेगा जब एक शाम को सूरज

"वस्ल भी हुआ, हिज्र भी, टकराव और प्यार भी
इतने मौके आये पर हम एक न हो सके"

टूट के गिरने लगेगा जब एक शाम को
फलक से बूढा सूरज, दिन ढलने के बाद
मछली के काँटे जैसा कुछ फेंकूंगा उसकी ओर
और पकड़ के निकाल लूंगा
नीले गहरे समंदर की गर्भ से उसे

तुम आना फिर उस शाम को मेरे पास
तोड़ेंगे साथ में बैठकर
बीते दिनों के उजले निवाले
तुम मुझे खिलाना, मैं तुम्हें

एक पुराना लेख

एक पुराना लेख
कुछ पुरानी कहानियों के पुर्ज़े
अलग होने लगें है कब से

स्याही और पीले पन्नो के नीचे
दबे पुराने ज़ज्बात
गीली हवा बनाती है जैसे
दरवाज़ों पे अपने दांत

न काटते है, न सहलाते हैं
बस घूरतें हैं मुझे चुपचाप

शिकायत लिए की जन्म देकर क्यों छोड़ दिया
बचपन के यारों से क्यों मुँह मोड़ लिया।

शाम की आँखों में काजल का टीका लग गया

शाम की आँखों में काजल का टीका लग गया
घरों से निकल कर आवारा लड़कों की तरह
रौशनियों के जुगनू
शहर के माथे पर मंडराने लगे

पैरो से उतरा छुट्टी के दिन का आलस
कुछ उँगलियाँ चटकायीं, कुछ सुस्ताए
एक जम्हाई का पान चबाया
एक लम्बी सांस ली
और बैठ गए खिड़की के ओट में

ये किसकी स्मृति जीवन के नाम हो गयी है
अब चले भी आओ कि बहुत शाम हो गयी है।

अकेला चला था मैं

"अकेला चला था में, ना आया अकेला
मेरे संग संग आया तेरी, यादों का मेला"
- श्री आनद बक्शी, राजपूत (१९८२)

कुछ ऐसी लुकी छिपी सी सड़कें भी थीं
जिन्होंने सर पर हाथ फेरा
और बिजली के कुछ पुराने
फानूस खम्भों से मेरा याराना रहा

जब भी कभी तेरे घर से जुड़े हुए
उन रास्तों पे निकलता
तो ये हाथ पकड़ के तंज़ कसते थे
"कहाँ जा रहे हो?" पूछते थे
मोहल्ले के पुराने यारों सी
पहचान हो गयी थी इनसे

और मैं दरीचों से झांकते आसमान की ओर
खुद से ही की हुई कोई बात
दो चार ख्वाब फेंकता
और उनसे पीछा छुड़ाता
कहता "इन्हे पकड़ो तो जानूँ"
जब वो शहर छोड़ा
तो सड़कों पे पड़े मेरे पैरों के टप्पे

और ये सब ज़िद करके मेरे साथ साथ आए
में न आया अकेला
मेरे संग संग आया तेरी, यादों का मेला..

फ़ोन में छुपी एक फोटो

फ़ोन में छुपी तुम्हारी एक फोटो ने
मुझको घूर के देखा
पुरानी तारीख गले में पहने हंस रही थी
मेरा हाथ उसमे तुम्हारे कंधों पर रखा
सोया हुआ था

फिर एक रोज़ जब शाम को फुर्सत में मैंने
डायल पैड' पर वही पुराना नंबर खोला
नंबर मिलाया तो एक आवाज़ ने मुझको याद दिलाया
'शहर, पता सब कब से तुम्हारा बदल चुका है'
पुराने नंबर का लगाव अभी तक गया नहीं पर

मुझसे वो तस्वीर तुम्हारी कुछ नाराज़ है तब-से
'डायल पैड' पर मेरे हाथ के आंसू बाकी है अब तक

ये क्या तुम कागज़ों पे...

ये क्या तुम कागज़ों पे
उल्टे सीधे शब्द बनाते रहते हो
कौन पढ़ता है इन्हें
किसके लिये इतनी स्याही ख़राब करना
इतने कागज़ों का गला घोटना

आओ मेरे पास भी कभी
कुछ कहो अपनी, कुछ सुनो मुझसे
कुछ बीते दिनों की छाँव में लेटो मेरे साथ
कुछ गलतियों को दोहराओ
कुछ यादों को सोच मुसकुराओ
कुछ लतीफे कहो मेरे कानों में
कुछ देखो मेरी आँखों में
कुछ जीवन की किश्तें काटो
कुछ सपनों की रसीद बनाओ
या पूरी ज़िन्दगी यूँ ही बस
कागज़ों से बातचीत करके बितानी है ?

ये क्या तुम कागज़ों पे..

आज फलक ने फिर फेंका है मुझे

आज फलक ने फिर फेंका है मुझे
आज ज़मीन की गोद में फिर
उलटा सर है मेरा
आज नाखूनों से खून रिसता है
आज चुभती है रौशनी की कीलें मुझे
अंधेरो से आज फिर दो बात सुकून की होगी
आज फिर तुम्हारी याद आई है

आज फलक ने फिर फेंका है मुझे..

तुम्हारे ख्यालों ने

*"कुछ दूर तुम्हारे साथ भी चलूँगा ज़रूर
कुछ दूर चलने से सफर का पता चलता है"*

तुम्हारे ख्यालों ने पैरो में बेड़ियाँ डाल दी हैं
वरना रुकता नहीं था किसी मोड़ पे मैं।
उड़ता फिरता था बारिश के आज़ाद पतंगों की तरह
यहाँ से वहां, इधर से उधर,
दुनिया जहाँ की फिक्र को हथेली पर रख कर

एक रोज़, जब बूढ़ी होकर खुल जाएंगी
ये बेड़ियाँ अपने आप
पता नहीं किस किनारे खुलेगी नींद,
सालों का ठहरा मैं,
किस दिशा में फिर चलूँगा
किस ठोर जाके लगूंगा

तुम्हारे ख्यालों ने...

हज़ारों बार तेरी तस्वीर देखी

हज़ारों बार तेरी तस्वीर देखी
हज़ारों बार वही पुराना ख़्वाब देखा
हज़ारों खयाल के जानिब में तेरा चेहरा
ये तमन्ना थी कि तू भी कुछ बोले
मेरे सामने आ जाए कहीं से अभी
मेरा हाथ पकड़ ले, मुझे कहीं ले जाए
दिन भर तेरे साथ एक सुहाने दिन की तरह बीते

और शाम को जब तू सिमट के
मेरे दाहिने हाथ के इर्द-गिर्द बैठे,
तस्वीर बनके मै भी बस चुप चाप तुझे देखता रहूँ
एक लफ़्ज़ भी न बोलूं
तेरी ही तस्वीर की तरह...

तुम्हारे लिए कितनी ही नज़में लिखीं

"मैंने अपनी कविताओं में तुझे छुपा रखा है
इनसे खुशबू उड़े तो समझना कि तू महक रही है"

तुम्हारे लिए कितनी ही नज़में लिखीं
पर तुम देखतीं भी नहीं।

कितनी ही ज़िद्दी रातों को
नंगी आँखों से तका
तब जाकर एक चाँद उधार मिला
ज़हन से ख्वाब छील छील के
दिन और रात के हवनकुंड को जलाए रखा

खाली ज़हरीली सड़कों को अपना नाम दिया
हर मौसम से दो-दो हाथ किये
और कितनी ही रातों के सन्नाटों को
मेरी तनहाइयों ने गोद लिया

पर नज़्म फिर भी मुझे ऐसे देखतीं हैं
जैसे इनका सौतेला हूँ

एक बार तो कभी इनपर अपना हाथ फेरो,
होठों से उठाओ, ज़बान से छुओ
शायद इनमे से कोई नज़्म मुझे अपना ले
शायद मैं फिर इनका अपना हो जाऊँ

रात भर मेरे कानों में तू

"तेरे जाने के बाद कोई भी ऐसा न आया
तुझको जिसमें ढूंढ़ने की कोशिश न की हो"

रात भर मेरे कानों में तू
गर्म हवा फूंकती रही

रात भर सफ़ेद बिस्तर पर औंधा पड़ा हुआ मैं
अपनी उँगलियों से सुनहरे सपने तोड़ता रहा
सुबह शीशे में बाल बनाते वक़्त
तेरे शरीर का अक्स अपनी आंखों में देखा

एक नज़र सफ़ेद बिस्तर पर डाली
तो यूँ लगा जैसे मैदान से दो बच्चे
खेल कर वापस जा चुके हों
मिट्टी पर उनके पैरो के निशान मुस्करा रहें थे
कौन जीता, कौन हारा किसे परवाह

क्या अब वो समय है जब हम

अब क्या वो समय है जब हम एक दूसरे को खो दें,
उस कमरे पर की जहाँ रहते थे सालों साल
ताला लगा दें, और बंद कर दें हमेशा के लिए?

उस कमरे में जहाँ सुबह सूरज की रौशनी
हमारे चेहरों को हर दिन सहलाती थी
छतों पे, जहाँ की बारिशें हर सावन
बिना देर आकर ठहर जाती थीं।

अपने घोसलों से निकलकर गौरैया जहाँ
हाथों से दाने छीन के ले जाती थी,
हवा बॉलकनी के कानो में रात भर
खुसपुसाती थी और फिर उड़ जाती थी।

वो कमरा जो बोलता था हम दोनों से
चलो लगा देते हैं वहाँ ताला, हमेशा के लिए
चाभी पर अपने पास ही रखूँगा मैं
वापस यहीं ठिकाना होगा मेरा
कभी अगर भटका तो जीवन में।

किसी अपने से लड़ कर वो मेरे पास आई

किसी अपने से लड़ कर वो मेरे पास आई,
वहाँ जहाँ गुस्सा मासूमियत को जन्म देता है
उसके चेहरे पर किसी उलझी हुई ख्वाइश में तैरती हुई आँखें
मुझे रात भर एक टक-टकी बाँध के देखती रहीं
एक करवट भी न बदल सका में
उसकी आँखों में फस के रह गयीं थीं
रात की वो सारी कीमती घड़ियाँ मेरी

सुबह तक उसके सारे आंसू पी चुका था
उससे नज़र बचा के उस रात की उम्र
अपने साथ बाँध कर रख ली थी मैंने

उस रात की उम्र आज भी मेरे कमरे में कैद है
शायद उसके सीने की गोद में उठकर ही दम तोड़ेगी।

तुम्हारा ख्याल

ख्यालों का भी एक शरीर होता है
धुंद में छुपी एक शक्ल होती है

कमरा खुला हो तो हॉस्टल के लड़कों की तरह
यु हीं बेकायदा सा अंदर चला आता है
तो कभी किसी रूठी हुई गर्लफ्रेंड कि तरह
बगल से उठ कर चला जाता है बिन बात
घर के बडो कि तरह सवाल भी करता है
"कहाँ थे इतनी देर"

और कभी कभी मुझे चुपचाप देखता है
एक पुराना यार बनकर गले से लग जाता है
रात को जब पढ़ते पढ़ते आँख लग जाए
तो नंगे, दबे पाँव मेरे कमरे में आकर
किताब को मेरे सीने से उठाकर
मेज़ पे रखता है

कम्बल मेरी गर्दन तक चढ़ाकर
मेरी आंखों से चश्मा उतारकर
माथे पर एक गर्म बोसा देता है
तुम्हारा ख्याल

कितने रिश्ते निभाता है मुझसे तेरा ख्याल
अब तुम्ही बताओ की इस ख्याल को
ज़िन्दगी के कैसे निकालूँ, कैसे..

ऑफिस में खाली बैठे बैठे

ऑफिस में खाली बैठे-बैठे
रोज़-मर्रा के काम के बासी से तनाव से थक कर
फुर्सत की दो-चार मामूली सी घड़ियों में
याद है क्या की एक दिन तुमने
मेरी नोटबुक के आखिरी सफ़हे पर
एक टूटा हुआ सा चित्र बनाया था

मोटी-मोटी गिरहों जैसे पहाड़ थे उसमे
दो पंछी दोपहर के उस गगन पर टंगे हुए थे
बिना मौज की एक नदी बहती थी
किनारों पर जिसके हाथ फैलाये
एक दोस्त पीपल का गूंजता था
जिसकी छाँव की सोहबत में
लकड़ी की एक नाव थी नीचे
जिस पर खड़ा था एक बोना मछुआरा

तुम्हारे हाथों से निकलकर ठन्डे कोहरे ने
उस बेजान चित्र को सुबह किया था
तुम्हें ही पता होगा क्या बनाया था तुमने

आज कई साल बाद मुझे
उन पहाड़ों के पीछे से
उस बेरंग आसमां की ख़लाओं में
एक तनहा डूबता हुआ सूरज मिला है
तुम्हारे वो पंछी अब घर लौट रहे हैं

मालूम नहीं फिर कब आएंगे
तुम्हारे उस चित्र में आज शाम होने को है

तुम कहो तो इस चित्र को मिटा के
तुम कहो तो उन पंछियों को रोक लूँ
तुम कहो तो उस पीपल की
थोड़ी परछाई में मैं सो लूँ
तुम कहो तो गुज़रती हुई उस ठंडी शाम के
कुछ साये मैं अपने साथ रख लूँ..

ये जो सर्दियों में गले से लिपट के सोती है

ये जो सर्दियों में गले से लिपट के सोती है
ये जो कम्बल के भीतर किसी आग सी दहकती है
ये जो चेहरे की ठंडी बर्फ को पी जाती है
ये जो आँसुओं में घुल के रह जाती है
ये कुछ और नहीं, ये और कोई नहीं
तेरी याद की बस एक गर्म थप्पी है
जो गालों पे कभी कभी चली आती है

आख़िरी ख्याल

शीशे जैसा गिरा था उस आख़िरी रात में
टूटकर चुपचाप ज़मीन पर बिखर गया था
तुम्हें फिर दोबारा देखने का ख्याल मेरा
एक बार और छूने की तुमको मेरी उम्मीद
कितना छोटा था तुम्हारा आखिरी सलाम
गाल पर मेरे एक रात भी ठहरा नहीं
गुज़र गया यूहीं
बारिश के बादल की तरह

तुम्हारी ही दी हुई शर्ट की जेब में
भर कर टुकड़े, उस नमीं के मैंने
तुम्हारा आखिरी सलाम संभाल लिया था

आज उस शर्ट का पहला धागा उधड़ गया है
आज लगा की कितनी दूर चली गयी हो तुम....

तुमको पाने की शगुफ़्ता आरज़ुएँ

"कई बार तो यूँ मुँह फेर के गए हो मुझसे
इस बार कुछ अलग करो और पास आ जाओ"

तुमको पाने की शगुफ़्ता आरज़ुएँ
और तुम्हारी यादों के कुछ मुनव्वर फूल
मैंने उम्र के कैद-खाने में रख दिए हैं

मालूम है तुम्हें
कि सूखे फूल अपना रंग भी छोड़ते है?

मुझे मालूम है –
एक दिन इस कैद-खाने की बंद घड़ी से
जब समय और मेरा बुढ़ापा दोनों बाहर आएंगे
तब तुम्हें याद करके
आज जिन आँखों को अक्सर मसल लेता हूँ
निचोड़ के लाल कर लेता हूँ
उन मोतिया-बिंद आँखों का चश्मा भी
यही सूखे बेरंग फूल ही बनेंगे
मुझे मालूम है -

एक बार जब मैं भूरी शर्ट में

एक बार जब मैं भूरी शर्ट में
और तुम नीले कुर्ते में
गले लगे थे
तब तुम्हारी आँखों से बच कर
तुम्हारे सिरहाने से टूट कर
एक बाल तुम्हारा
मेरे कन्धों पर गिर कर सो गया था

वही लम्हा आज तक मेरे कन्धों पर
चुपचाप सो रहा है
हाँ वही लम्हा तो है...

कई अनजान और तन्हा लोगों ने

कई अनजान और तन्हा लोगों ने पहले भी
अपनी ज़िन्दगी के शोर से दूर भागकर
और मेरे करीब बैठकर
अपने लिए कुछ खामोशियाँ ढूंढी है

अपने जलते पैरों को मेरे ठन्डे सीने पर रखा है
और मेरी सिक्त कहानियों से
अपनी प्यास बुझाई है

पर कोई भी रुक न सका मेरे लिए देर तक
थोड़ा ठहरे, सुस्ताए, दो बातों की रात काटी
फिर मेरे ही जैसे किसी और का हाथ थाम कर
और लांघ कर मेरे सीने को
चले गये उठकर
उसी शोर के मेले मैं जहाँ से आये थे
मिल गए उन्हीं लाखों चेहरों की भीड़ में
अगली ही सुबह

अब तुम आई हो,
तो तुम भी थोड़ा रुक कर जाना
दो बातें सुलगा दी है मैंने
आज रात के चूल्हे में जलने को
सीना भी ठंडा रखा है
कुछ रोज़ से तुम्हारे लिए।

सिगरेट पीना एक बुरी आदत है

...कि सिगरेट पीना एक बुरी आदत है
ये मालूम है मुझे
इसके तेज़ाबी कोहरे से हवा में ज़हर घुलता है
शरीर में काला अरक जमा होता है
आँखों में बुढ़ापा 'जवान' होने लगता है
सब मालूम है मुझे

पर जब सिगरेट के धुँए में
तुम्हारी हसी के गोल गोल छल्ले दिखते हैं
उनकी गर्म गुनगुनाहटें याद आतीं हैं
तब एक और 'स्टिक' जलाने का मन करता है

आँसूं जमे हुए हैं

आँसू जमे हुए हैं
बस एक आह सी टपकती है आँखों से
और गिर के कांच की तरह बिखर जाती है
तेरा चेहरा फिर भी कायम रहता है
ठंडे पानी के सूखे टुकड़ों में
काले फलक पे पश्मीने चाँद की तरह

किसी रात की लावारिस औलाद होगी
उस कवि की कविता
जिसने तुझे याद किया होगा
आज फिर, आँसू जमे हुए हैं....

मेरी कई सुनहरी यादों को समेटे

मेरी कई सुनहरी यादों को समेटे
क्षितिज के उस पार से चलकर
अभी अभी एक नज़्म ने खिड़की पर दस्तक दी है
चेहरा साफ़ नहीं है
शरीर है आधा नंगा सा
शब्द, सोये हुए शहर पर पैर रखकर
पीछे पीछे आ रहें हैं, शायद

जैसे ही पहुंच जाएंगे मेरे पास
नज़्म पर उनको ओढ़ाकर
बैठक में ले आऊंगा
ये भी तुमसे मिलने के लिए बेचैन है,
मेरी ही तरह

एक पुरानी किताब के बीच

एक किताब के बीच
कल एक पुराने दोस्त का
बरसो पुराना खत मिला
तो यूँ लगा जैसे मेरे ही कहने पर
गिरती शबनम की बाहों में
दूर पहाड़ों के पीछे कहीं
ठंडी सुबह ने आँखें खोली

एक पुराना रास्ता

कल एक पुराने रास्ते से गुज़रा
तो उसने हाथ पकड़ लिया मेरा
और रोक कर पूछने लगा मुझसे
याद है, कई बरस पहले मिले थे यहीं पर।
तब तुम खुश लगते थे, अकेले भी नहीं थे
आज अकेले हो, और उदास लग रहे हो
मेरी तरह क्या तुम्हें भी कोई छोड़ गया है पीछे।

पेड़ो पर बिखरी ओस कि बूँद की तरह
मेरी आँखों में ये आंसू
तुम नहीं पहचानती
पर ये रास्ता आज भी पहचान लेता है।

खिड़कियां खुली रखता हूँ रात में मैं

खिड़कियां खुली रखता हूँ रात में मैं
बंद खिड़कियां तुम्हारे जाने के बाद से अब
देखती हैं तो डर लगता है
बंद घर में नींद आती नहीं मुझे
सफ़ेद बर्फ सी दीवारें
कल तक दोस्त थीं मेरी
रात को कमरे में आत्मायें सी चलती हैं
इस अकेले पन से दूर जाने के लिए
खिड़कियां खुली रखता हूँ मैं

साथ चलो मेरे, आज फिर देर हुई है

पहले मै कितना लड़ता था तुम से
जब भी तुम अपने ऑफिस से शाम को देर से निकलती थी
काम की फुर्सत, हाथों में बड़ा सा बैग
लिपस्टिक, मेकअप, मस्कारा
और न जाने क्या क्या
हाँ मैंने एक बार झाँका था बैग तुम्हारा
घूरने लगा था मुझे कम्बख्त
"मैनर्स नहीं है क्या?"

आज भी बुरा लगता है जब
तुम शाम देर से निकलती हो
उतना ही दुःख होता है
लेकिन शायद इस ख्याल से की अब तुम खुश हो
देर से ही सही लेकिन किसी के साथ तो हो
कोई तो है जो तुमको यूँ प्यार से डांट के
मेरे जैसे न ही सही पर, पूछता तो है
साथ चलो मेरे, आज फिर देर हुई है

वो फ़साना तुमने आज फिर दोहराया है

वो फ़साना तुमने आज फिर दोहराया है
जिसके हाथों ने लरज़ती रातों को भी न बक्शा था
मेरी आँखों का ज़हर
आज भी उबलता है, सूखता है

तुम्हारी कलाई जिन हाथों ने मोड़ी थी कभी
तुम्हें रकीब से चुराने के लिए
उन हाथों में वक़्त अब एक बीमार रेज़ा है

तुम्हारी ख़ामोशी में मैंने देखा था
खुद को घुट घुट के मरते हुए
जिस फ़साने ने रूह को भी तोडा था कई बार
वो फ़साना तुमने आज फिर दोहराया है

मैंडम

फिसल कर कुछ हसी के छींटे आपके गालों से 'मैडम'
बैठ जाते थे मेरे चेहरे पर कई दिनों तक
उथले पानी में बतख की तरह
और सर्दियों की जवान-धूप ठहरती थी जैसे
अक्सर मेरे ठन्डे आँगन में शाम तक

वहाँ जहाँ अब एक बूढ़ा पेड़, लड़खड़ाता हुआ
गले में बरसों पुराना एक झूला डाले खड़ा है
एक रोज़ अपना आखिरी चाँद देखेगा
और कमबख्त, अपने साथ ले जाएगा
मेरे चेहरे से उस आखिरी हँसी का कतरा भी, 'मैडम'

रहने दो, भीगने दो न

रहने दो, भीगने दो न इन्हें
अभी बाल मत सवांरो
अभी अभी तो ये आई है -
बारिश, इसको थोड़ा इतराने तो दो खुद पर

तुम्हें सवरां हुआ देखेगी
तो किसी मुरझाये हुए फूल पर
गिर कर दम तोड़ देगी
अच्छा लगता है क्या
किसी कीमती चीज़ का यूँ
कौडियों के दाम खर्च हो जाना ?
रहने दो न, भीगने दो इन्हें..

कमरा

कल तक
बेजान था ये कमरा
अधमरा सा
खुद में सिकुड़ा
चुपचाप पड़ा था अपने ही एक कोने में
गुमसुन
रो कर सोये हुए किसी बच्चे कि तरह

कल से
तुम्हारे बाहर आने के बाद
जी उठा है
अब नाचता फिरता है ख़ुशी में हर दिन
बिना बात मेरे साथ
वही कमरा

कागज़ के आईने में लिपटा

कागज़ के आईने में लिपटा
थोड़ा शर्मीला, चुप सा
मेरे नाम की स्याही में डूबे
शब्दों को ओढ़े, मेरा पता पूछता
एक तोहफा आया है

एक खत भी है साथ में
मैंने पढ़ना चाहा, तो मुझ पर हसने लगा
बोला "पहले खत पढ़ना तो सीखो"

मैंने मेज़ पर रखे गुलदान को मेज़ से उतारा
(तोहफे के आने से इसके गुलाब बासी पड़ गये थे)
और मेज़ पर इसे सजा दिया

अब कई दिनों तक इस गुलदान के फूलों को
बदलना नहीं पड़ेगा
अब कई दिनों तक मेरा कमरा
तोहफे में लिपटे हुए तेरे एहसास से महकेगा

बस कुछ और शब्द ही शेष हैं मेरी कविताओं के

'कभी इतने प्यार से देखा था तुझे
तबसे सारा जहाँ नाराज़ है मुझसे'

बस कुछ और शब्द ही शेष हैं मेरी कविताओं के
हाथों की ज़बान से
उम्र भर जो भी लिख सका
अब पूरा होने को है
स्मृतियाँ टूटने लगीं
वक़्त भी वो कब का बीत चुका
जज़्बातों के दरख्तों से
जो भी तोड़ सका वो तोड़ चुका

अब इन आखिरी बचे हुए शब्दों को
संभाल के रखूं अपने लिए
या लुट जाने दूँ तुम ही पर

खाली कर दूँ हर सोच
इस आखिरी नज़्म के बोल का अर्ज़-ओ-तूल
और फिर गूंगा हो जाऊ,
चुप हो जाऊं क्या हमेशा के लिए?

सालगिरह

कैसे रोकता इसे, जाने दिया यूहीं।
हाथों से पकड़ा,
तो उंगिलियों के बीच से फ़िसल गया
हलक तक आया आँखों का पानी,
पर नीचे न उतरा
शब्दों में ही खो के रह गया।

न किसी ने पुछा, न मैंने बताया
बिना रूह के शरीर जैसा
सालगिरह का एक दिन
आज फिर बरसो बाद
एक पल के लिए मिलने आया।

पापा

घर की मजबूत छत
सीमेंट या पत्थर से नहीं
पापा के हाथों से बनी है
पापा के कंधो पर टिकी है

जब जब नीबूं-मिर्ची
काले घडे, झाड़ू
बुरी नज़र रोक नहीं पाये
पापा सामने आये

बारिश हो या घर की बिमारी
कर्जा, दुःख, सब आये बारी बारी
पैसा, नाते-रिश्ते, सब छूटे
पर पापा कभी न टूटे

एक छत पर रखा तुलसी का गमला
एक पुराना स्कूटर,
एक दादाजी की कुर्सी
एक पुराना छप्पर

घर ऐसे ही ख़ज़ानों से सजाया
दरवाज़ों को पापा ने ही
ॐ बोलना सिखाया

कुछ पुराने सिक्के
दीवाली के कुछ गणेश
पापा के सफ़ेद बालों में
खो गए घर के सारे कलेश

पापा से सब ने बस लिया
पर न पापा ने कभी कुछ माँगा
न पापा को कभी
कोई कुछ दे पाया
पापा

(25 Oct, 2014, पापा की सालगिरह का दिन)

दीदी

"पुराने किस्सों की मिठास दीदी
धुप में छाँव का एहसास दीदी
घर के सारे संताप, शोक
सब दूर, जब हो पास दीदी"

घर में रौशनी
घर के रौशन-दान से नहीं,
बिजली के किसी सामान से नहीं,
दीदी से है

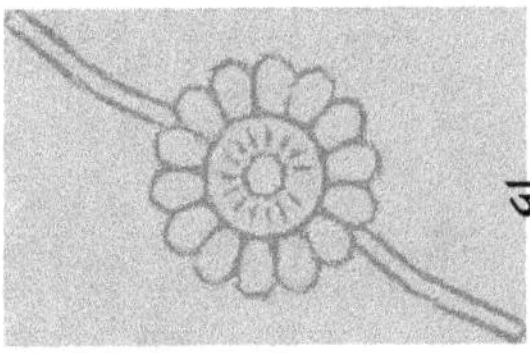

जब जब उलझनों से मन हारा
और मौन हुआ घर सारा
जब जब मन में बैठी काली परछाई
दीदी सामने आई

मोहल्ले का शोर हो या टीवी की आवाज़
त्योहारों की व्यस्तता हो
या घर के सपने,
दीदी के सब अपने

घर की दीवारों में घुली है
दीदी के प्यार की खुशबू
और खिड़कियों कमरों में
उसके एहसास की नमी

आज भी हर शाम रहती है घर में
दीदी की कमी
दीदी

(15 Oct, 2014, दीदी की सालगिरह)

दीवार

एक अनसुनी चीख़, तुम्हारे और मेरे बीच
एक अद्रश्य दीवार, तुम्हारे और मेरे बीच

दीवार के एक तरफ,
फलता-फूलता अहम
तो दूसरी तरफ,
कमज़ोर हारता हुआ हमारा,
सत्य, त्याग और प्रेम

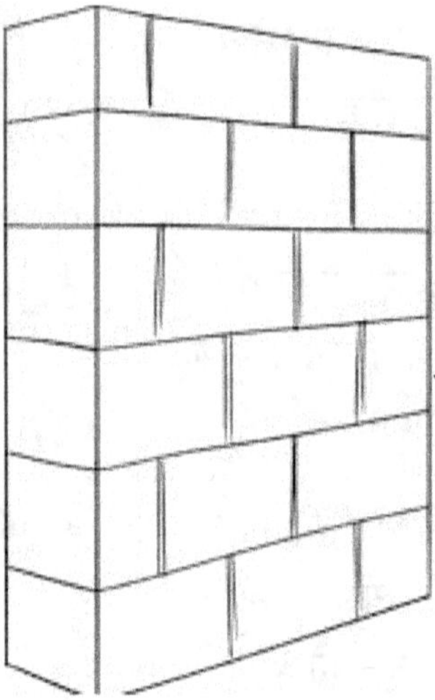

रोज़ खुली बेल की तरह
बढ़ती है ये दीवार
जिसके नीचे सांस लेते और दम तोड़ते
एक साथ बैठे हम दोनों
दीवार टूटे तो कोई रिश्ता बने

कुछ किस्से जुबां पे शहद की तरह होते हैं

“रोज़ एक बार तो तुम्हारा ख़याल आ ही जाता है
यूँ ही नहीं सुहानी यादों से रिश्ते टूटा करते”

कुछ किस्से जुबां पे शहद की तरह होते हैं
जिनका मीठा ज़ायका होंठों से कभी जाता नहीं।
सालों बाद भी ज़हन में ऐसे घुलते हैं,
जैसे कल ही की बात हो।

नए कपड़ो से खुश्क, पर ओढ़ो तो
किसी पुराने कम्बल जितने नर्म।

हाँ, कुछ रेशे इधर उधर ज़रूर हैं,
कुछ कमज़ोर धागे भी खिचते हैं,
पर एक उम्र बीत गई पहनते पहनते, ये टूटे नहीं।
न कोई गर्मी ही बासी कर पाई इन्हें
न कोई जाढे ही कड़ा।

कुछ किस्से जुबां पे शहद की तरह होते हैं. ...

नन्हा

देखो हाथ कहीं मुड़े नहीं
पाँव चलते रहे चेहरा हस्ता रहे
मुँह कभी चप-चपाए नहीं
गोद में उठालो तो सर्दी मर जायेगी
नन्ही हँसी जीत जायेगी
देखो हँसी हारने न पाये
कम से कम आज नहीं
अभी नहीं, इतनी जल्दी नहीं

(अपने भांजे क्रिशिव (दुगु) के लिए)

कमी

जब दिल टूट जाता है
या सहसा नींद टूट जाती है
जब कोई रिश्ता छूट जाता है
तब माँ की बहुत याद आती है

मुश्किलें आ जाती है,
जब उलझने पड जाती है
जब जिन्दगी थोड़ा सा चल के
बहुत देर रुक जाती है ..

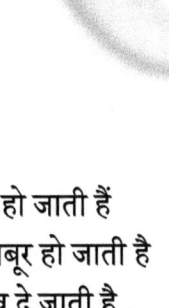

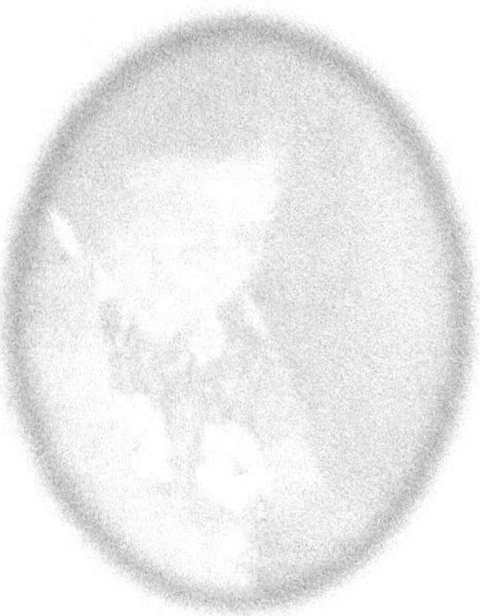

होंसला सारा चला जाता है,
जब विश्वास खो जाता है
लाख मनाने पर भी जब
ईश्वर मौन हो जाता है

कोशिशें चूर हो जाती हैं
जब ज़िन्दगी मजबूर हो जाती है
हिम्मत जवाब दे जाती है
तब माँ की बहुत याद आती है

चमकीले कंचे सा एक रिश्ता

चमकीले कंचे सा एक रिश्ता
आज फिसल गया हाथों से
जो थोड़ा ज़ोर से पकड़ा

एक बार मुड़ के भी न देखा
उस पेड़ को जिसकी शाख पे इसने
गया-बचपन गुज़ारा।

पर गिरा जब तो टूटा नहीं बस बिखर गया
परदेस की पराई मिटटी में,
जैसे अपाहिज दिन बिखरता हैं
लाचार शामों में
और गिर गया थोडा
अपने पुराने मकान की नज़रो में।

अपने ही शरीर से नाराज़ हुआ
भला कैसा अंग था,

या केवल हाथों का मैल तो नहीं
और मैं समझूँ
एक और रिश्ता टूटा आज?

प्रथम संवाद

मेरे और तुम्हारे बीच अभी संवाद कैसा

मेरी आँखें देख चुकी
इस दुनिया का आधा सच
और पूरा झूठ।

और तुम्हारी निष्पाक्ष, सुप्त हैं अभी
आधी बंद आधी खुली
किसी भी भेद भाव को
जानने में असमर्थ

मेरे शब्द, जड़ता और निपुणता में डूबे
पी चुके क्लेश और सौभाग्य का रस
और तुम्हारे, अनावृत,
दो चार बस

मेरे जटिल अनेक विचार
घूम चुके आधा संसार
भेद चुके गृहस्त्य की मीन की आँख
और तुम्हारे चेहराविहीन, अर्थ-रिक्त
ओढे सफ़ेद चादर

मैं सूखा-जड़ पत्ते सा टूटा
तू स्पन्द-सुबह की ओस में धुला
मुझमे कपट, अपार लोभ

तुझमे अबोध पवित्रता का बोध
तू चंचल, सुकुमार, कोमल पौधा
में घने वृक्ष का तना-कठोर

मेरी चिंताओं का पुनर जन्म
हर रोज़ ही होता रहता है
तुम्हारे शुद्ध, निर्दोष मन में
अभी इनका न कोई घेरा है

अभी शेष है तुम्हारे जीवन कि शिल्पकारिता
विचारों की संपन्न निपुणता
अभी शेष हैं पूर्णता भरे जज़्बात
मेरे बालक नवजात
फिर कैसे हो कोई संवाद

जिस दिन लोगे अपने विशाल
जीवन का पहला
तुम लघु कदम
उस दिन होगा मेरा और तुम्हारा
संवाद प्रथम

भाग ३ (ग़ज़ल संग्रह)

सितारों की हथेली पर आसमान रखा है

सितारों की हथेली पर आसमान रखा है
मेरे चौके में आज व्रत का सामान रखा है

जिंदगी ने मेरे दोनों बाजू उधार लिए हैं
एक में फैसला दूसरे में इम्तिहान रखा है

ना पढ़ती हो किताब मेरी, न बंद ही करती हो
किस कदर एक शायर को तुमने परेशान रखा है

मुझे मेरे बुजुर्गों सहित, अपनी पलकों पर बिठाती है
इस मिट्टी ने कितना मेरा सम्मान रखा है

कैसे बस जाऊं सब कुछ छोड़कर मैं विदेश में
मां ने मेरे घर लौटने का अरमान रखा है

न जी न मर रहा हूँ मैं

न जी न मर रहा हूँ मैं
कुछ बहुत गलत कर रहा हूँ मैं

कितना कम सुकून मिला है मुझे
कितना कम घर रहा हूँ मैं

कभी उनसे उनकी तनख्वाह नहीं पूछी
अपने पिता का ऊँचा सर रहा हूँ मैं

एक उम्मीद लगायी थी किसी अपने से
एक बहुत लम्बा सफर रहा हूँ मैं

माँ है तो कीमत है मेरी वर्ना
महज़ किराये का बिस्तर रहा हूँ मैं

उजालो से अंधेरों कि ओर निकले

उजालो से अंधेरों कि ओर निकले
पैसा कमाने हम भी अपनों से दूर निकले

तुम्हारी ख़ामोशी में थी सारी काम की बातें
तुम्हारी बातों में थे कितने शिकवे गिले

रौशनी इतनी करतें हैं कि चूल्हा जलता हैं
अँधेरा नहीं होता 'घर के चिरागों' के तले

कल इस ज़मीन में मैंने आम के बीज बोये थे
आज यहाँ से कितने बच्चों के बचपन निकले

एक जलते घर कि आंच जब दुसरे पर आयी
जो सारे तमाशबीन थे धीरे धीरे पिघले

गांव कि पुरानी मिटटी में शिवलिंग मिला
शहरों की बुनियाद से बस कंकाल निकले

सबने जो बात छुपाई कबसे

सबने जो बात छुपाई कबसे
तुमने वही बात बताई क्या

बच्चों पर भी तरस न आया
निहत्तो कि तो चलाई क्या

बूचड़ खानों में मायें भी है
अब भी शर्म न आयी क्या

समय ने पुछा दशकों बाद
ज़ख्म कि हुई भरपाई क्या

आतंकी आयतों ने लगायी
आग, दुआओं ने बुझाई क्या

जाग के देखो सोने वालों
तलवार गले तक आयी क्या

(कश्मीर पंडितों कि पीड़ा पर लिखी)

बंद दरवाजे है, तहखाना है

बंद दरवाजे है, तहखाना है
सच का यही घराना है

जिसको वज़ू किया बरसो
वो शिवलिंग बहुत पुराना है

दरगाह बनाओ या काबा जाओ
हिसाब तो सबको चुकाना है

ज़िन्दगी जब तक मयस्सर है
थोड़ा रोना है थोड़ा गाना है

पिता के कंधो पे जीना है
माँ के पैरो में मर जाना है

(ताजमहल के बंद दरवाजों पर लिखी)

शनिवार कि शाम को, जब फुर्सत में बैठता हूँ

शनिवार कि शाम को, जब फुर्सत में बैठता हूँ
सब कुछ छोड़ कर, बस तुमको सोचने लगता हूँ

जिस तरह से तारीख़े, स्मिरीतियों में अंकित हैं
में एक चलता फिरता कैलेंडर लगने लगता हूँ

बातों के, उपहारों के, हसी के, नमीं के
फूल जितने बाक़ी हैं सब संजोने लगता हूँ

प्रेम कभी एक दरिया है, कभी एक कच्ची दीवार है
मैं कभी डूबने लगता हूँ, तो कभी टूटने लगता हूँ

अल्हड सालों में तुमको, खो दिया था कभी मैंने
मजबूर लम्हों में अब तुमको, फिर खोजने लगता हूँ

सब कुछ होते हुए भी, दूभर हैं सुकून का मिलना
कभी इतना डर जाता हूँ, कि बस रोने लगता हूँ

जिन ख्यालों के पीछे, भागना चाहता हूँ हवा बनकर
उन्ही ख्यालों को घर में आने से रोकने लगता हूँ

आज यहां तो कल वहां देखिए

आज यहां तो कल वहां देखिए
मेरे भटकने की इंतिहा, देखिए

देखिए हालात-औ-उसूलों की रस्साकशी
मैं मरा हुआ हूं मुझे जिंदा, देखिए

जब तक शर्म अंधा न कर दे आपको
दुनिया में जो देखना है, देखिए

मेरे हौसलों के चारागारों के नीचे
मेरी सपनों के टूटे मकान, देखिए

हमउम्र की पहचान इतनी आसां नहीं भीड़ में

हमउम्र की पहचान इतनी आसां नहीं भीड़ में
बुरी नज़रो का दौर है मुंह छुपाते चलिये।

इश्क कम उम्र की नादान बच्ची है
इसे यूँ ही न सर पे चढ़ाते चलिये।

भगवान् का बसेरा आज यहाँ, कल वहां
मिले जो ख़ानाबदोश कोई तो गले लगाते चलिये।

ज़िन्दगी में बुलंदी चाहिए तो बस इतना कीजिए
माँ के थके पैरो को दबाते चलिये।

न जाने किस निवाले में कृष्ण चुकादे एहसान
गरीबो को खाना खिलाते चलिये।

अब हर दर्द का इलाज तो ख़ासा मुमकिन नहीं
एक दर्द को दुसरे की दवा बनाते चलिये।

गुज़री ख़िज़ाँ का ताव अभी बाक़ी है

गुज़री ख़िज़ाँ का ताव अभी बाक़ी है
फूलों पर लगा घाव अभी बाक़ी है

तेरी कहानी कि धुप ही तो ढली है
तेरे ख्यालो कि छाँव अभी बाक़ी है

ख्वाइशे एक-एक कर मकानों से उठी
बस्ती में उड़ती ये ख़ाक अभी बाक़ी है

एक नफ़स भड़कती है शौकिया
ग़मों का रख-रखाव अभी बाक़ी है

होठ खोले तो हसी उधड़ गयी
बातों में रहन अब क्या बाक़ी है

रफ़्तगाँ मंजिल से मेरा बस इतना वास्ता
पत्तो पर पड़े मेरे पाँव अभी बाक़ी है...

अपनी उम्र को मेरी उम्र में जोड़ देती है

अपनी उम्र को मेरी उम्र में जोड़ देती है
माँ हर मुसीबतों को अपनी और मोड़ देती है

मैं उसको नसीहतें रोज़ हज़ार देता हूँ
वो मुझको दुवाएं बदले में करोड़ देती है

रात कितनी भी काली अँधेरी क्यों न हो
माँ हर शाम घर में हज़ारों दिए जोड़ देती है

बदकिस्मती के काले साये भूखे मर जाते हैं
जब माँ मेरी चिंताओं में खाना छोड़ देती है

मेरे पापों का घड़ा, हर रोज़ ही भरता है
माँ रोज़ ही अपने पुण्यों से उसे फोड़ देती है

अमीरों के बीच जां-रुस्वाई हो चुकी काफी

अमीरों के बीच जां-रुस्वाई हो चुकी काफी
यूँ मेरे हाल की देखा दिखाई हो चुकी काफी

चले आते हैं शर्तों के हुकमरां-ए-लोग
मेरे गिरेबां पकड़ने की इंतिहाई हो चुकी काफी

तुम्हारे मासूम वादे भी सारे पूरे हो चुके
तुम्हारी दिल चुभानी बातें भी हो चुकी काफी

अब आ या न आ, कम से कम याद तो न आ
तेरी राह में मेरी आँखें पथराई हो चुकी काफी

नींद तो ले लेता हूँ, पर थकान नहीं जाती

नींद तो ले लेता हूँ, पर थकान नहीं जाती
उदासी छुपाये मेरी ये मुस्कान नहीं जाती

घर तो बिका मुफ्लसी में, चलो कोई बात नहीं
पर काश कि बाबूजी की पुरानी दुकान नहीं जाती

इस युग का हर आदमी, कितना अनाड़ी है
शमशान में बैठा है पर झूठी शान नहीं जाती

तासीर-ए-ग़ुब्बार दिल से निकल जाए तो अच्छा

तासीर-ए-ग़ुब्बार दिल से निकल जाए तो अच्छा
बीमार की बीमारी का पता चल जाए तो अच्छा

हो ले उनके संग जो अमल-ए-फ़ुर्क़त में भी खुश हैं
मेरे ग़मों का ऐसा दूसरा बाज़ार मिल जाए तो अच्छा

दिल को जो बे-नम करें वो दोस्त न भी मिला करे
बे-ढंग अपना सा ही कोई मिल जाए तो अच्छा

मजमूआ गर वो बयाँ न करे जो आप बीता हो
सूखे कागज़ कि तरह सारा जल जाए तो अच्छा

वो गया तो अपने साथ मेरी शम्अ-ए-सुबह भी ले गया
अब शाम को वापस फिर न आ जाए तो अच्छा

ठहरे हुए पानी की ज़रूरत है बदलना चाहिये
एक ठहरा हुआ रिश्ता भी अब बदल जाए तो अच्छा

आज बरसों बाद है, कुछ पुरानी याद है

आज बरसों बाद है, कुछ पुरानी याद है
इस वीराने में चरागों का मौसम, आज भी आबाद है

खुद से भी कोशिश की, ज़माने ने भी आज़माया
मैं कब का ख़ाक़ हुआ होता, ये तो माँ का आशीर्वाद है

न हवाओं में अपनी सी खुशबू है, न रिश्तों में अपना सा पन
इस शहर में जी नहीं लगता मेरा, ये शहर मेरे लिए बर्बाद है

फिर गिर गया हूँ मैं, फिर मुझको अपना हाथ दे

फिर गिर गया हूँ मैं, फिर मुझको अपना हाथ दे
लब फिर ख़ामोश हैं मेरे, फिर इनको अपनी कोई बात दे।

मेरे सारे गुनाहो की, जवाबदेही तुझ पर कब तक
तुझे खुद्दारी का वास्ता, मुझको अब कोई इल्ज़ामात दे।

नाम बहुत बड़ा है तेरा, उस नाम की तवज्जो में
भीख माँग रहा हूँ तुझसे, मुझे भीख में कायनात दे।

मोहरे भी तेरे, चाल भी तेरी, नियम भी तेरे, खेल भी तेरा
तमाशबीन अपने ही मुकद्दर का मैं, अब जीत दे की मात दे

कबसे ये आइना मुझको परेशान लगता है

कबसे ये आइना मुझको परेशान लगता है
भरा पूरा कमरा भी वीरान लगता है

तुझे हिंदी बोलने में इतनी तकलीफ़ होती है
तू अपने ही घर में मुझको विदेशी मेहमान लगता है

अहम, लालच, ईर्ष्या, गुस्सा, और न जाने क्या क्या
ये सब मुझको कबाड़ का सामान लगता है

यूँ तो शहर रोशन है, जलसे भी यहाँ खूब
पर माँ-बाप के बिना सारा शमशान लगता है

मिलके भी न मिले जवाब मुझे कई सवालों के

मिलके भी न मिले जवाब मुझे कई सवालों के
एक ग़ज़ल अधूरी है मेरी कई सालों से

दिन के शोर से, रात के सन्नाटों से
हर रोज़ लड़ता हूँ मैं, अंधेरो से उजालो से

इस नगर के चोरों में, अभी ज़मीरी बाक़ी है
इस देश को ख़तरा है, इसी के रखवालो से

मुर्दा होकर भी कहाँ चैन मिलता है यहाँ
तेरह दिन लगते हैं निकलने में, जी के जंजालों से

जानाँ-ए-नशा से दूर हमको निकल जाना चाहिए

जानाँ-ए-नशा से दूर हमको निकल जाना चाहिए
वो संभल गया है मुझको भी अब संभल जाना चाहिए

एक ख्वाइश ये भी है कि अब मिले तो लिपट के रोये
आग लगे और दोनों को फिर जल जाना चाहिए

उस जख्म-ए-आह-ए-तासीर का अब पता चला मुझे
जिस आह से पत्थर का दिल भी पिघल जाना चाहिए

जो पूरा हो जाए एहसानों के लेन-देन का हिसाब
वो वक़्त है दोस्त तेरा फिर बदल जाना चाहिए

किसी शाम को गर साथ में एक परिवार का होना हो
वो दिन जितना जल्दी हो सके ढल जाना चाहिए

तूफ़ाँ शहर जो चढ़ा है इधर से गुज़रे न गुज़रे
मुसाफिरों को यहाँ से अब गुज़र जाना चाहिए

रंजो-रास्तों पर तेरा हम-कदम कोई न भी हो
कितना भी हो अकेले तुझको मगर जाना चाहिए
बहुत दुःख में होता हूँ तो ग़ज़ल-सराई कर लेता हूँ
ये नशा नहीं एक दो-पैमाना जो उतर जाना चाहिए

बड़ी देर से ख्वाब हुए सारे रेजाँ रेजाँ
बता ए ज़िन्दगी मुझको अब किधर जाना चाहिए

कभी बेवक्त, कभी पाबंद, कभी बार-बार सा है

कभी बेवक्त, कभी पाबंद, कभी बार-बार सा है
दिनों को तेरे साथ ढलने का इंतज़ार सा है

मेरे चेहरे पे आती है रुक रुक के ख़ामोशी
तेरे चेहरे पे भी क्या ऐसा ही कुछ खुमार सा है

घर से निकलता हूँ तेरे घर की ही ओर
मेरी आँखों में उन रास्तों का बाज़ार सा है

वक़्त के मरहम की अपनी रिवायतें हैं
मेरा जिस्म तो ठीक है, दिल कुछ बीमार सा है

वो एक रोज़ भी न आई, जिस रोज़ तुम खुद आते
मेरा हर रोज़ उस रोज़ जितना ही लाचार सा है

उस वक़्त का अब कोई निशाँ नहीं मिलता

उस वक़्त का अब कोई निशाँ नहीं मिलता
पैरों को ज़मीन पंखो को आसमाँ नहीं मिलता

मिल जाते है नसीहतों से लबालब कितने बशर
मेरे ग़म का पर कोई मेहरबां नहीं मिलता

यूँ तो मयस्सर है ज़िन्दगी पर दुनिया के जुर्म
पर पकड़ने को किसी का गिरेबाँ नहीं मिलता

*तेरे महलों के टूटे चार-गार मिल जाते है
तेरे पैरो का पर कोई निशां नहीं मिलता

*सब्र नहीं मालूम पड़ने देता में इस दिल को
वरना तुझे ढूंढों तो तू कहाँ नहीं मिलता

(*ये शेर श्री द्वारका नगरी के मिले अवशेषों को संबोधित)

किसी सफर में खोया हुआ सामान जैसे

किसी सफर में खोया हुआ सामान जैसे
ग़म के चेहरे पर एक मुस्कान जैसे।

अपनों से जब भी लड़ा हूँ, जीता हूँ
मैं जीत के बोझ की थकान जैसे।

बचपन में सारे दोस्त जहाँ खेलते थे
मकानों के नीचे दबा वो खुला मैदान जैसे।

सांसें बचाने के लिए उसने शरीर बेचा
मेरे पिताजी और उनकी पुरानी दुकान जैसे।

दुनिया भर का पानी पिया पर प्यासा रहा
जानती है प्यास भी अपनी पहचान जैसे।

नया नया प्यार था, हो भी गया

नया नया प्यार था, हो भी गया
वो आया कुछ देर पास रहा, और खो भी गया

मैं अकेले में खूब हँसा, फिर हँसने के बाद
आँसू पोछा, और थोड़ा सा रो भी गया

घर लुटा तो लुटा, पर सामानो-साज़
जो छुपाया था बाबूजी से वो भी गया

गर पूछे कोई उसके जाने का ग़म है क्या
ग़म, मरहम "जाने दो अब जो भी गया"

बड़ी देर से होंठों पर एक नाम लिए बैठा हूँ

बड़ी देर से होंठों पर एक नाम लिए बैठा हूँ
रोक के अपनी सुबह-औ-शाम लिए बैठा हूँ

मैं भूलता गया सारे रिश्तों की अर्क-ओ-खुशबू
न जाने ऐसे कौन से ज़रूरी काम लिए बैठा हूँ

मेरे सारे ग़म मिरे सिले हुए लबों में मेहफ़ूज़ हैं
चेहरे की मायूसी पर सरेआम लिए बैठा हूँ

बेशक गले न मिले न पहचाना, पर बेकद्री न की
उसकी दोस्ती का मैं बड़ा एहसान लिए बैठा हूँ

तेरी यादों कि शामें सजा रखीं हैं आँखों पर
मैं एक सुकून-ए-मौत का इंतज़ाम लिए बैठा हूँ

एक आग में जलता रहा रात भर

एक आग में जलता रहा रात भर
जिस्म मेरा तनहा रहा रात भर

तिल जितनी रात के रुखसार पर
चाँद कसैला चढ़ता रहा रात भर

रात के सफ़्हा पलटता रहा मैं
तेरे ख्वाबों को पढ़ता रहा रात भर

यूँ भी एक बार तो ज़िद होती तेरी
मैं रूठता और तू मनाता रात भर

चोट खाए एक ज़माना हो गया

चोट खाए एक ज़माना हो गया
दर्द छुपाए एक ज़माना हो गया

राख उड़ती है छारों से चाँद तक
आग बुझाए एक ज़माना हो गया

दुनिया भर का बैर यूँ संग लगा मेरे
तेरी दोस्ती का क़र्ज़ चुकाना हो गया

रास्तों से उठे यूँ कुछ गुदड़ी के लाल
फलक पर उनका ठिकाना हो गया

इस्तेमाल तेरे नाम का एक ग़ज़ल में
सेहराब को दरिया बताना हो गया

थक गया हूँ मैं कितना एक ज़माने से

थक गया हूँ मैं कितना एक ज़माने से
शायद ज़िन्दगी मान जाए तुझे मनाने से

पैरों के शूल थे जो आँखों में चुभने लगे
लड़खड़ाया मीलों ऐसी एक ठोकर खाने से

अक्सर टूटा हुआ इंसान टूटा दिखता नहीं
बस डरता है शाम को घर वापस जाने से

ज़ख्म जो भी मिले सब मीठे मिले
दर्द जो भी मिला तो मरहम लगाने से

www.ingramcontent.com/pod-product-compliance
Lightning Source LLC
LaVergne TN
LVHW021238080526
838199LV00088B/4578